회사를 다닐 수도,
떠날 수도 없을 때

내면적 자기퇴직 증후군에 걸린
직장인 마음 처방전

회사를 다닐 수도,
떠날 수도 없을 때

박태현 지음

중앙books

.

과연 회사에서
행복해질 수 있을까?

내가 이 이야기의 아이디어를 얻은 것은 지금으로부터 약 10년 전이다. 당시 나는 제법 성공적인 회사 생활을 하고 있었다. 회사에서 가장 인정받는 직원 가운데 한 사람이었다. 물론 함께 일하는 사람들과의 관계도 별 문제가 없었다. 하는 일마다 잘 풀렸고 일과 경력에서 성공 스토리를 차곡차곡 쌓아 올려가고 있었다. 이 같은 추세가 계속 이어진다면 회사에서 이루고 싶은 모든 것을 이룰 수 있을 것이라 믿었다. 남들은 다 힘들다고 생각하는 회사 생활이 나에게는 전혀 문제가 없었다. 믿기 어렵겠지만 회사 생활이 너무 좋아서 주말에 월요일이 기다려지는 때도 많았다.

그러나 어느 순간부터 모든 것이 꼬이기 시작했다. 먼저 그간 내가 잘해왔던 일을 계속 수행할 수 없는 상황이 발생했다. 업무가 없어진 것이 아니라 내 의지와 상관없이 그 일에서 내가 제외된 것이다. 일이 바뀌면서 극도의 혼란에 빠지게 되었고 그 과정에서 나의 무능이 적나라하게 드러나고 말았다. 그나마 주변 사람들과의 관계에서만큼은 문제가 없다고 생각했었지만 이 또한 완전한 착각이었다. 문제가 없었던 것이 아니라 문제가 있었는데 내가 너무 둔한 나머지 그것을 알아채지 못했던 것이다. 이뿐만이 아니었다. 상사와의 관계에서도 심각한 문제가 발생했다. 그분을 만나기 전까지는 그전의 상사들이 얼마나 훌륭한 분들이었는지 알지 못했다. 그분과 나의 생각은 마치 로또 복권의 숫자와도 같이 뭐 하나 맞는 것이 없었다.

모든 것이 뒤죽박죽 엉망진창이었고 무엇부터 해결해야 할지 몰랐다. 고통의 나날이 이어졌고 점차 의욕도 사라져갔다. 처음에는 나를 이 지경으로 만든 환경을 탓하고 분개하며 싸우기도 했지만 그럴수록 상황은 더욱 불리해져만 갔다. 진지하게 회사를 옮길까도 생각해보았지만 이내 마음을 접었다. 익숙한 곳에서도 형편없는 상황인데 새로운 곳으로 옮긴다 한들 더 좋아질 것 같지가 않았다. 결과적으로 있는 곳이 너무 힘들어 떠나고 싶었지만 떠날 수도 없고, 머물러 있자니 하루하루가 고통인 딜레마 상황에 빠져버린 것이다.

그리고 얼마 후 나는 우연히 내가 겪는 이 같은 증상을 뭐라고 정의하는지 책*에서 찾게 되었다. 바로 '내면적 자기퇴직 증후군'이다. '내면적 자기퇴직 증후군'은 몸은 조직에 머물러 있으나 여러 가지

---

* 《그대 스스로를 고용하라》, 구본형 저, 김영사

이유로 마음이 떠나 있는 상태를 말한다. 일종의 좀비처럼 말이다. 독일의 라인하르트 휀은 이것을 '직장인의 내면적 자기퇴직'이라고 불렀다. 처음 이 말을 접했을 때 내심 얼마나 반가웠는지 모른다. 증상이 뭔지 알면 그에 적합한 해결책도 있을 것이라 믿었기 때문이다. 알고 보니 이 증상은 나뿐만이 아니라 내 주변의 많은 사람들이 차이가 있을 뿐 다 같이 겪고 있는 증상이었다.

'내면적 자기퇴직 증후군'이 발생하는 원인과 그것의 해소 방법은 무엇일까? 나는 이 질문에 대한 답을 찾기 위해 우리 사회의 크고 작은 조직에 몸담고 있는 다양한 사람들을 만나 이와 관련된 다양한 인터뷰와 워크숍을 시행했다. 결국 네 가지 원인과 각 원인에 대한 해결 방법을 만날 수 있게 되었다.

그로부터 시간이 꽤나 흘렀지만 나는 오늘날 '내면적 자기퇴직 증후군'을 재차 강조해야 할 이유를 매우 절실하게 느끼고 있다. 일터에서 무기력해지는 사람들이 점점 늘어가는 현상을 계속 목격하고 있기 때문이다. 이는 확실히 나쁜 신호다. 인생의 절반이라 할 수 있는 회사에서의 삶이 무기력한 모습이라면 인생이 불행한 것이다. 또한 무기력한 직원들로 가득 찬 회사에 무엇을 기대할 수 있겠는가?

내면적 자기퇴직 증후군이란?

한 사람이 회사라는 곳을 만날 때 마음속에 두 가지 차원의 욕구를 갖게 된다. 하나는 급여나 복리후생과 같은 '물질적 욕구'이며, 다른 하나는 사회적 존재로서 조직 생활 자체에 대해 기대하는 '심리적 욕구'다.

두 가지 차원의 욕구 = 물질적 욕구 + 심리적 욕구

여기서 '물질적 욕구'는 쉽게 말하면 급여나 보너스, 나아가 복리후생을 포함한 금전적 보상에 관한 것이다. '물직적 욕구'는 한 개인의 삶에서 결코 없어서는 안 되는 매우 중요한 것임에 틀림없다. 하지만 이것을 가지고는 별로 할 이야기가 없다. '물질적 욕구'가 채워지려면 무조건 많이 받아야 한다. 특히 남들보다 많이 받는 것이 중요하다. 하지만 조직 사회에서 이 같은 혜택을 누리는 사람들의 비율은 그리 높지 않다. 조직 차원에서도 구성원의 '물질적 욕구'를 채우기 위해 노력해야겠지만 분명 할 수 있는 한계가 존재함을 부인할 수 없다.

따라서 내가 주목하는 부분은 나머지 한 가지, 바로 '심리적 욕구'다. '물질적 욕구'를 제외한 상태에서 한 개인이 조직 사회에서 행복하게 일하고 생활하는 데 있어 필수적인 욕구이기도 하다. '심리적 욕구'가 잘 충족이 되면 개인의 리더십과 경력에서도 획기적인 성장을 할 수 있게 되어 장래에 '물질적 욕구'도 자연스레 채워나갈 수 있게 된다. 한편 '심리적 욕구'가 제대로 채워지지 않으면 대신하여 '물질적 욕구'로 보상받고자 하는 보상 심리가 강해지는 경향이 있다.

'심리적 욕구'는 사람마다 모두 다르고 종류도 다양하다. 하지만 조직이라는 한정된 사회에서 일하고 생활하는 사람들에겐 공통적으로 나타나는 네 가지 욕구가 존재한다. 나는 이 같은 네 가지 욕구를 이 책을 통해 '네 가지 동물'로 상징했다.

첫 번째 동물은 당나귀다. 당나귀는 '존중받고 싶은 욕구'를 상징한다. 두 번째 동물은 강아지이며 '회사로부터 특히 상사로부터 '인정받고 싶은 욕구'를 상징한다. 세 번째 동물은 수탉으로 '원하는 일을 하고 싶은 욕구'를 상징한다. 마지막 동물은 고양이로 정체되지 않고 지속적으로 '성장하고 싶은 욕구'를 상징한다.

당나귀, 강아지, 수탉, 그리고 고양이.

우리 마음속에는 네 가지 욕구를 상징하는 네 가지 동물이 살고 있다. '간혹 내 마음속에 이런 것들은 존재하지 않아!'라고 말하는 사람도 있을 수 있다. 하지만 이는 욕구가 없는 것이 아니라 욕구를 의식하지 않거나 의식하지 못하고 있는 상태라고 보는 것이 맞다. 비록 우리 마음속에 존재하는 욕구들이지만 동시에 조직과 주변 사람들이 한 개인에게 요구하는 욕구이기도 하기 때문이다. 네 가지 동물로 대변되는 욕구에 대한 인식 없이 조직 생활을 한다면 자연스레 그와 함께 일하는 사람이나 조직이 힘들거나 어려운 상황에 빠지게 된다.

지금 있는 곳에서 행복할 수 없다면
인생이 행복할 수 없다

이 책은 조직에서 일하고 생활하는 당신을 위한 책이다. 이 책을 통해 당신의 마음속에 존재하는 네 가지 동물을 확인하고 만나기를 바란다. 그리고 네 가지 동물 가운데 현재 누가 방치되어 있는지 확인해보기 바란다. 그래서 방치된 동물을 보살피고 치유하기 위해 방법을 찾을 수 있기를 바란다.

회사만큼 우리 삶에 큰 영향을 미치는 곳도 없다. 회사는 하루 중 가장 많은 시간을 보내는 곳이고 더구나 깨어 있는 시간에서 가장 중요한 시간을 보내는 곳이다. 회사는 생계와 생활의 질을 높이기 위해 불가피하게 다니는 곳이기도 하지만, 그보다는 사회적 존재로서 자신이 이 세상에 존재하는 이유를 확인하는 곳이다. 나아가 자신이 미처 알지 못했던 더 나은 자신을 만나고 가슴속의 뜻을 펼칠 수 있는 자아실현의 장이기도 하다.

이렇기에 회사 생활이 불행하다면 인생이 불행해질 수밖에 없다. 회사에서 행복해질 수 없다면 다른 곳에서도 행복해질 수 없다. 당신이 지금보다 좀 더 행복해지고 싶다면 먼저 회사는 '원래 그런 곳이야!'라는 생각부터 떨쳐버려야 한다. 그리고 회사에서 지금보다 더 낫고 행복해질 수 있는 방법을 찾아야 한다. 이 책이 당신을 도와줄 것이다.

박태현

등장인물

희석　전형적인 회사원. 성격이 좀 단순해서 호불호가 얼굴에 드러나는 스타일. 시간이 흐를수록 회사 생활을 힘들어한다. 사람도 싫고 일도 싫고, 하루에도 몇 번씩 회사를 그만둘까를 고민할 정도로 총체적인 위기 상황이다. 이런 상황에서 회사의 승진자 교육 과정에 참여했다가 우연히 그곳에서 샤크라는 독특한 닉네임의 멘토를 만나는데….

샤크　희석의 멘토. 일과 경력에서 중요한 것을 강조해주는 강연자임과 동시에 변화를 촉진하는 퍼실리테이터. 본명보다는 '샤크'라는 닉네임을 주로 사용한다. 회사라는 현실 세계에서 곤경에 빠진 사람들과 이야기를 나누며 도와주는 일을 좋아한다. 답을 주기보다는 질문을 통해 스스로 답을 찾아갈 수 있게 하는 독특한 내공의 소유자다.

변 차장　희석과 같은 팀에서 일하는 팀의 '넘버 투'. 윗사람 비위 맞추는 일에는 만렙 수준으로, 차기 팀장으로 유력. 야심이 크고 자기 개발에 있어서는 타의 추종을 불허한다. 반면 공감능력은 거의 제로 상태로 후배들로부터는 욕을 바가지로 먹는다. 특히 희석과는 상극이다.

표 과장　희석과 같은 회사에 다니는 인간관계 끝판왕. 3년 전 경력사원으로 입사하여 작년까지 희석, 변 차장과 같은 부서에서 일했지만 지금은 다른 부서에서 일하고 있다. 사내에 모르는 사람이 없고 만나는 모든 사람과 두루두루 잘 지낸다. 희석이 회사에서 가장 믿고 따르는 선배이기도 하다.

준석　교직을 천직으로 아는 학교 선생님. 희석과는 어린 시절부터 친하게 지내온 단짝 친구임과 동시에 희석이 힘들 때마다 찾는 술친구. 잘 다니던 회사를 홀연히 그만두고 교사 임용 고시를 통해 수학 교사가 되었다. 현재는 경기도 인근의 한 고등학교에서 수학 선생님으로 재직하고 있다. 교직을 천직으로 생각하고 있다면서 학교 가기 싫다는 말을 입버릇처럼 하고 다닌다.

CONTENT

1장

진단명은
'내면적 자기퇴직 증후군'
입니다

회사가 재밌으면
돈 내고 다녀야지!

"이 맥주, 완전 내 입에 딱인데! 휴, 이렇게 입맛에 딱 맞는 회사가 있으면 얼마나 좋을까?"

어스름한 저녁 시간, 강남역 인근의 한 맥줏집에서 두 친구가 함께 수제 맥주를 마시고 있다. 한 사람의 이름은 희석, 다른 사람의 이름은 준석이다. 희석은 웨이터가 추천해준 수제 맥주가 꽤 마음에 드는 모양이다.

"너는 맨날 그 얘기냐?"

"혹시 구글이나 애플 같은 곳은 나에게 딱 맞지 않을까?"

"허허~ 여기 순진한 사람 하나 나셨네. 요즘 잘나가는 넷플릭스는 왜 얘기 안 하니? 왠지 거기는 가슴이 두근두근 뛰는 꿈의 일터일 거 같지? 내가 장담하는데 실제로 거기서 일해보면 환상이 확 깨질걸?"

"최소한 여기보단 낫지 않을까? 에휴, 몸에 안 맞는 옷을 입고 어떻게 사니?"

"넌 꼭 비유를 해도 그런 식으로 하더라. 하여튼 저한테 유리한 말만 골라 쓰는 건 예나 지금이나 똑같네. 사회생활 하루 이틀 하나? 안 맞으면 맞춰가면서 사는 거야!"

"준석아, 난 그럴 정성 없다. 욕 나오는 일이 한두 가지가 아니야. 너 쪽쪽 빨아먹는 막대사탕 있지? 그걸 빨아먹는 사람은 아주 달콤하고 맛있을 거야. 그런데 막대사탕 입장에서 생각해보자고. 내가 쪽쪽 빨려서 점점 사라지는 느낌. 내가 딱 그 기분이야."

회사 이야기를 하다 보면 왜 그런지 마음이 불편해지는 때가 많다. 취기가 더해지면서 희석의 감정은 점점 고조되고 있었다.

"그냥 회사를 때려치울까 봐."

준석은 순간 분위기가 심상치 않음을 느꼈다.

"멀쩡히 잘 다니는 회사를 왜 그만둬? 회사 그만두고 뭐하게? 혹시 헤드헌터한테 연락이라도 받은 거야?"

다그치는 준석의 모습에 희석은 고개를 가로저으며 말했다.

"딴 데 갈 생각은 없고. 갈 데도 없고. 딴 데 갈 것 같으면 이런 고민 안 하지!"

"그런데?"

"그냥 좀 쉬면 어떨까 싶어서!"

"속 터지는 소리 하고 있네. 그래 네 말대로 한번 쉬어봐라. 회사가 아주 그리워질걸?"

준석은 희석과는 다른 성격의 직업을 가지고 있다. 희석은 회사원이고 준석은 선생님이다. 경기도 인근의 고등학교에서 수학을 가르친다. 그 역시 대학을 졸업하고 처음 선택한 직업은 희석과 같은 회사원이었다. 외향적인 성격에 사교성을 겸비한 준석은 누구와도 잘 어울릴 수 있는 성격의 소유자였다. 업무 능력도 뛰어나 그와 함께 일하고 싶어 하는 사람들도 많았다. 한마디로 만능재주꾼이었다. 그런데 회사에 입사한 지 3년이 채 안 됐을 때 준석은 회사를 홀연히 떠났다. 잘 다니던 회사를 그만두고 어린 시절 꿈꾸던 수학 선생님이 되겠다고 하면서.

"너는 되고, 나는 안 되는 거야?"

희석은 은근히 자존심이 상했다. 자신의 모습이 자꾸만 준석과 비교되는 기분이다. 준석은 왠지 꿈을 이룬 모습이고 자신은 대안 없이 허우적거리고 있는 느낌이었다.

"너와 내가 어떻게 상황이 같니? 나는 어린 시절부터 수학 선생님 되고 싶었어."

"이 세상에서 교사가 제일 좋은 직업 같아. 스트레스 받을 일이 없잖아? 마음도 편하고, 뭐 신경 쓸 일이 없잖아?"

"너 은근 교사 무시한다. 네가 모르는 게 있는데… 학교도 회사야. 다 똑같은 직장이야. 선생은 스트레스가 없는 것 같지? 네가 요즘 학교 분위기를 몰라서 그래."

희석은 준석의 말이 사실이라 해도 자기만큼은 아닐 거라고 생각했다. 준석은 계속 말을 이어나갔다.

"내가 회사를 그만두고 교사를 선택한 이유는 절대 회사가 싫어서 가 아니야. 현실이 싫어서 또는 현실에 적응을 못 해서 떠난 게 아니 라고. 다만 나는 특별히 좋아하는 일이 있었고 그 일을 하기 위한 곳 으로 옮겼을 뿐이야. 너도 알다시피 나 회사 생활 정말 잘했다. 장래 임원감이었다니까?"

너스레를 떠는 준석의 이야기를 듣는지 안 듣는지. 희석은 자기 말 을 이어나갔다.

"부서 사람들도 꼴 보기 싫고, 팀장은 불편하고, 일은 따분하고, 나 는 늘 제자리인 것 같고. 뭐가 좀 재미있어야 하는 거 아냐? 언제까 지 이래야 하냐고?"

희석의 감정 섞인 토로에 준석 역시 가만있지 않았다.

"너 말 잘했다. 학교도 마찬가지야! 학교는 뭐 재밌는 줄 알아? 나 도 사실 학교 다니기 싫어."

희석은 준석의 말에 마시던 맥주를 뿜을 뻔했다.

"너 지금… 그게 학교 선생이 할 소리냐? 네 제자들도 그 사실을 아니? 아주 불량한 선생님이구먼?"

"왜 말이 안 되지? 네가 회사 다니기 싫다고 말하는 것과 똑같지. 그러는 너는 어떤데? 너희 회사 사람들은 네가 회사 다니기 싫어하 는 것 혹시 아니?"

"그게 어떻게 똑같냐? 회사를 어떻게 학교랑 비교하니? 좋다. 그 렇게 학교 가기 싫다면… 그럼 왜 학교를 떠나지 않는데?"

"너 말이 정말 이상하다? 힘들면 꼭 떠나야 하는 거니? 일단 네 질문은 전제가 잘못됐어. 힘들어도 다니는 거야. 재미있으면 돈 내고 다녀야지."

"와~ 대박! 너 선생님 되더니 완전 꼰대 같은 소리 한다."

"꼰대라고? 내가 너한테 그런 소리를 들을 군번은 아니지."

희석은 준석을 꼰대라고 비아냥거리긴 했지만 그가 직업관에서만큼은 자신보다 나은 것 같다는 생각도 들었다. 입을 쩍 벌리며 준석이 하품을 길게 내쉰다. 술도 얼큰하게 마셨고 긴 대화에 피로감을 느낀 모양이다.

"어? 벌써 10시가 넘었네. 언제 시간이 이렇게 됐지? 너무 늦었다. 답도 없는 얘기 이제 그만하고 집에 가자. 내일 출근해야지!"

"나 내일 회사 안 가. 내일 교육 있어, 승진자 교육. 연수원으로 교육 받으러 가."

"헐, 너 승진한 거야? 여태 왜 말 안했어?"

"승진이 별거냐? 그냥 때 되면 다 되는 거야!"

"오~ 오늘 술값은 네가 내라. 근데 너 좀 황당하다. 승진한 놈의 입에서 회사를 그만둔다는 소리가 제정신이니?"

희석은 겉으로는 당연한 듯 너스레를 떨기는 했지만 승진 발표 직전까지 얼마나 조마조마 했는지 모른다. 몇 년 전부터 회사에서 승진율을 계속 낮추고 있는 상황이기 때문이다. 작년에 한 번 떨어진 충격에 1년 동안 적잖이 마음고생이 심했다. 애써 태연하게 승진을 시켜줘도 안 한다고 떠들고 다녔지만, 막상 승진을 하고 나니 은근히 기분이 좋았다. 자존심 때문인지 작년에 한 번 떨어졌단 사실을 굳이 친구에게 말하고 싶지 않았다.

"아무튼 좋은 회사네. 요즘 같은 어수선한 시절에 승진도 시켜주고, 돈 들여 교육도 시켜주고. 그나저나 너네 회사 참 걱정된다. 승진 시켜줬더니 회사 다니기 싫다는 소리나 하고…."

"승진, 그거 좋은 거 아냐. 요새 승진 안 하겠다는 사람도 되게 많아! 승진하면 책임도 커지고 해야 할 일도 많아지니까. 승진 안 하고 적당히 일하는 사람도 많아."

"친구야! 너는 그러지 마라! 남들은 다 그래도 내 친구 희석 씨는 안 그럴 거라 믿는다."

술자리가 끝나고 희석은 집에 돌아오는 길에 문득 학교 가기 싫다는 준석의 말이 떠올라 웃음이 피식 나왔다. 대학 시절에도 그는 늘 입버릇처럼 학교 가기 싫다며 농땡이를 일삼던 친구였기 때문이다. 그런 친구가 선생님이 돼서도 학교 가기 싫다고 말하고 있는 것이다. 그의 속내는 알기 어렵지만 아무튼 그의 말이 자꾸 생각나서 웃음이 나온다.

덜컹거리는 지하철 소리와 희석의 한숨이 뒤섞인다. 그래도 내일은 회사에 가지 않는다. 연수원으로 출근할 생각을 하니 마음이 한결 가볍다. 희석은 알코올 기운을 몸 밖으로 내보내려는 듯 가슴 깊이 긴 호흡을 내쉰다. 그리고 혼잣말을 중얼거린다.

"교육 가서 좀 쉬어야지…."

회사 생활이
행복하다고?

다음 날 아침, 희석은 회사에서 연수원으로 향하는 버스에 몸을 실었다. 버스에는 함께 승진한 입사 동기들이 몇몇 눈에 띄었다. 희석은 어젯밤 술이 아직 덜 깬듯 버스에 몸을 맡기고 쓰러지듯 눈을 붙이고 잠을 청했다. 연수원은 경기도 용인 소재의 작은 마을에 위치해 있다. 당일 코스 등반이 가능한 적당한 높이로 넓게 펼쳐진 산이 병풍처럼 두르고 있고 앞에는 작은 시내물이 흐른다. 한마디로 산 좋고 물 맑은 곳이다. 건물 외관은 빨간 벽돌 건물에 담쟁이가 올라오는 고풍스러운 모습이지만 최근 리모델링을 하여 내부 시설은 꽤나 현대적이고 세련된 모습을 자랑한다.

버스가 연수원에 도착하고 곧바로 교육 담당자의 과정 안내가 진행되었다. 교육 프로그램은 승진자에게 필요한 기획력, 상사와 긍정적 관계 형성을 위한 소통, 회사의 비즈니스 전략 방향, 윤리 규정 등과 같은 내용으로 구성되어 있었다. 회사에서는 꽤나 공들인 듯했지만 희석의 눈길을 사로잡을 만한 주제는 없었다. 차라리 재테크나 건강관리 같은 생활에 필요한 주제가 있으면 좋겠다는 생각도 들었다. 아무튼 희석은 교육 과정에 적극적으로 참여할 생각도 없고, 뭘 배우고 싶은 마음도 없었다. 아무 생각 없이 그저 쉬고 싶은 마음밖에 없었다. 교육 담당자의 과정 안내가 끝나고 본격적인 교육이 시작이 되었다.

"회사에서 승진은 무엇을 의미할까요? 승진은 내가 가장 유능한 상태에서 가장 무능한 상태로 들어가는 과정입니다."

"일을 시작할 때는 딱 한 가지만 생각하세요. 이 일을 왜 해야 하는지 명확한 답변을 스스로 내릴 수 있어야 합니다."

"여러분! 상사와 신뢰적 관계를 형성하세요. 상사와 좋은 관계를 유지해야 하는 이유는 그와 좋은 관계를 형성할 수 있어야만 당신의 뜻대로 할 수 있는 일들이 많아지기 때문입니다."

……

주제별로 강사들의 이런저런 이야기와 다양한 실습이 이뤄졌다. 그리고 어느덧 이틀 차 교육의 마지막 시간이 되었다. 이틀 동안 아무것도 안 하고 그저 쉬었을 뿐인데, 하품은 왜 그렇게 쉬지 않고 나오는지. 평소 안 하던 걸 하면 오히려 피곤해지는 모양이다. 교육 담당자가 마지막 시간을 안내한다.

"자, 이제 이틀간의 교육을 총정리하는 마지막 시간을 갖겠습니다.

마지막 강의를 해주실 분은 '샤크'라는 닉네임으로 유명한 강사님입니다. 어렵게 모신 강사님을 큰 박수로 환영해주세요."

교육 담당자의 강사 소개 멘트가 독특했다.

'닉네임이 샤크라고? 바닷속에 사는 상어를 말하는 건가? 그런데 왜 닉네임이 샤크지?'

이윽고 샤크 강사의 강의가 이어졌다.

"여러분은 회사에서 언제 행복함을 느끼시나요?"

교육 기간 내내 존재감 없이 말 한 마디 참여하지 않았던 희석이었다. 조별 토론 결과를 발표해야 하는 고비도 있었지만 최대한 무기력한 태도로 일관하면서 동료들에게 떠넘기며 어찌어찌 넘긴 상태다. 하지만 이번에는 그냥 넘어갈 수 없는 질문이었다. 순간 그냥 짜증이 머리끝까지 올라왔다.

'장난해? 회사 생활이 행복하다고? 그게 가능해?'

이때 교육장 귀퉁이에서 한 참가자의 답변이 튀어나왔다.

"퇴근할 때요."

순간 모두 빵 하고 웃음이 터졌다. 샤크 강사는 빙긋이 웃으며 재차 질문을 던졌다.

"그러면 출근하실 때는 어떠신가요?"

"퇴근하고 싶어져요."

장난기 어린 답변에 깔깔 웃음이 터져나왔다. 하지만 희석은 같이 웃을 기분이 아니었다. 아니 웃음은커녕 빈정이 상했다. 이런 유치한 대화는 도저히 들어줄 수가 없었다.

"강사님! 강사님은 회사와 행복이라는 말이 서로 어울린다고 생각하시나요?"

화기애애한 분위기에 돌을 던지는 쨍하는 목소리였다. 마치 '그런 말 같지 않은 이야기는 더 이상 하고 싶지 않습니다'는 식의 도발과도 같았다. 순간 교육장의 분위기가 싸해졌다. 뒤에서 모니터링을 하던 교육 담당자도 당황한 듯 고개를 들어 분위기를 살폈다. 딴짓하던 참가자들도 하던 일을 멈추고 강사를 바라보았다. 강사가 어떤 식으로 대응할지 사뭇 궁금했다.

"네. 매우 예리한 질문이네요. 좋은 질문 감사합니다. 혹시 본인 생각은 어떠신지요?"

강사는 자신의 생각을 말하기보다는 다시 희석에게 질문을 돌려주고 있었다. 이제 상황이 바뀌었다. 모든 참가자들의 눈이 희석에게 집중됐다. 희석은 아차 싶었다. 이렇게 주목받고 싶은 생각은 눈곱만큼도 없었기 때문이다. 하지만 기왕 이렇게 된 거, 굳이 피하고 싶지도 않았다.

"욕먹는 대가로 월급 받는다는 말도 있잖아요. 회사가 재밌으면 돈 내고 다녀야죠."

어젯밤 준석에게 들었던 말을 자기 입으로 할지는 희석도 몰랐다. 심지어 별로 동의가 되지 않았던 말인데…. 순간 누군가에게 무심코 들었던 말이 이렇게 쉽게 자기 생각이 될 수 있다는 사실이 무섭기도 했다. 그런데 참가자들의 반응은 그리 나쁘지 않았다. 희석의 답변에 요란한 환호성과 함께 박수를 치는 사람도 있었다. 다시 전체 참가자의 눈길은 샤크 강사에게 쏠렸다. 도발적인 희석의 반응에 그가 어떤 식으로 대응할지 다들 궁금해했다.

"굉장히 흥미로운 표현이네요. 회사가 재밌으면… 맞아요. 돈 내고 다니는 게 맞을 겁니다. 저도 100퍼센트 동의합니다. 제가 근래에 들었던 표현 가운데 가장 사실적이고 동시에 인상적인 표현이네요."

희석은 뜻밖의 답변에 의아함을 느꼈다. 자신의 공격적인 반응에 그도 역시 비슷한 대응을 할 거라 생각하고 전의를 불태우고 있었기 때문이다. 그런데 막상 강사가 자신의 생각에 완전한 동조를 해주니 저도 모르게 흥분된 감정이 누그러지는 것을 느꼈다. 다시금 강사의 질문이 이어졌다.

"그런데 이 대목에서 제가 궁금한 게 있는데요. 혹시 회사 생활이 마냥 힘들기만 하던가요? 혹시 좋았던 적은 없었습니까?"

"뭐… 가끔은 있을 수도 있겠죠?"

"그게 언제인가요?"

희석은 자신도 모르게 토론의 한복판에 밀려들어와버린 형국이 당황스러웠다. 가만있을 걸. 괜한 후회가 밀려왔다. 샤크 강사도 이를 감지한 듯 더 이상 희석에게 답변을 요구하지 않았다. 그리고 눈을 참가자 전체에게 돌려 다시 질문을 던졌다.

"자, 지금부터 조별 토론을 잠깐 해보겠습니다. 각 조별로 회사에서 행복했던 경험을 다섯 가지 이상씩 찾아주시기 바랍니다."

흥미진진한 논쟁이 성겁게 끝나버린 분위기에 일부 참가자의 아쉬움이 흘러나왔다. 이내 곧 조별 토론이 진행되었고 중간중간 킥킥

거리는 웃음소리가 터져나왔다. 그러고는 샤크 강사의 안내에 따라 조별로 각자 정리한 내용에 대한 발표가 이어졌다. 희석은 조별로 정리한 발표 결과를 보며 깜짝 놀랐다. 의외로 회사에서 즐거웠던 내용의 가짓수가 많았기 때문이다. 조별로 정리한 내용을 대략 요약하면 다음과 같다.

회사 생활이 행복할 때

- 승진했을 때
- 프로젝트를 마치고 잘했다는 칭찬을 들었을 때
- 일하고 있는데 동료가 테이크아웃 커피를 가져와 건넬 때
- 회사 동료들과 맛있는 음식을 먹으며 회식을 할 때
- 생각지도 못한 보너스를 받았을 때
- 내가 꼭 하고 싶었던 프로젝트를 수행하게 되었을 때
- 누가 봐도 안 된다고 했던 일을 내 힘으로 성취해냈을 때
- 회사가 제공해준 하계 휴양지에서 휴가를 편하게 보냈을 때
- 일은 힘들었지만 그 속에서 배운 것도 많고 역량의 신장이 이뤄졌을 때
- TV에서 우리 회사 광고가 나왔을 때(첫째 아이가 아빠 회사 광고라고 박수칠 때)
- 학교 후배가 우리 회사에 입사하려면 어떻게 해야 하냐고 자문을 구해올 때

샤크 강사의 마무리 메시지가 이어졌다.

"우리가 살면서 종종 놓치는 것이 하나 있습니다. 그것은 싫고 힘

든 것에 사로잡혀 좋은 것을 아예 잊고 사는 일이 많다는 것입니다. 무엇이든 밸런스가 중요합니다. 힘든 일이 있을 때는 반대로 행복했던 일도 떠올려보세요. 회사에서 행복해진다는 것은 어쩌면 매우 어려운 일일 것입니다. 앞에서 어떤 분이 말씀하신 것처럼 불가능한 일일 수도 있겠죠. 하지만 자신이 어떤 상황에서 행복함을 느끼는지 잘 알고 있다면 우리는 그러한 일을 늘려가는 방식으로 회사에서 행복해질 수 있을 것입니다."

희석은 강의를 마치고 교육장 밖으로 나서는 샤크 강사를 뒤따라갔다.

"강사님! 방금 강의 잘 들었습니다. 괜찮으시면 명함 하나 주시겠어요?"

초반에 공격적이었던 게 무안했던 걸까? 희석은 충동적으로 샤크 강사에게 감사 인사를 하면서 명함을 주고받았다. 샤크 강사는 명함도 독특했는데 상어 문양이 왼쪽 코너에 그려진 명함이었다. 희석은 주머니 속에 명함을 찔러 넣었다.

멘토·멘리 매치 프로그램으로
이어지는 인연

회사에 복귀한 후 희석은 밀렸던 업무를 처리하느라 정신이 없다. 일종의 '교육 후유증'이다. 뭐든 반대급부가 있다지만 마치 복귀하기를 기다렸다는 듯 일들이 밀려들어왔다. 쌓여 있는 메일에 이걸 언제 다 하나며 한숨을 내쉬는 순간 갑자기 어디선가 까랑까랑 낯선 목소리가 들려왔다.

"교육 가서 잘 쉬었지? 이제 일 좀 해야지?"

변 차장이다. 같은 말을 해도 꼭 이런 식으로 표현해야 하는지. 변 차장은 늘 빈정거리는 목소리와 이죽거리는 표정으로 사람의 감정을 건드리고 비위를 상하게 한다. 팀 내에서도 독설과 비아냥거리는 말투로 악명이 높은 사람이다. 팀원들 사이에 회자되는 그의 어록이 있을 정도다. 대충 몇 가지만 추려보면 다음과 같다.

"나 때는 말이야~."

"이제 일을 잘할 때도 되지 않았냐?"

"밥값 좀 해라!"

"머릿속에 뭐가 들어 있니? 생각 좀 하고 살자!"

"알아서 좀 할 수 없니? 언제까지 일일이 설명해줘야 되냐고?"

"학교에서 뭐 배웠어?"

"개판이구먼!"

"요즘 것들은 하여튼~."

가끔 심기일전하여 회사에서 열심히 해봐야지 하는 마음이 들 때가 있다. 이럴 때 변 차장과 마주치는 것은 쥐약이다. 그의 얼굴을 잠깐 쳐다보기만 해도 의욕이 급격히 떨어짐과 동시에 회사를 그만두고 싶어지는 마음이 용솟음치기 때문이다. 재주도 그런 재주가 없다. 한 번 보면 회사를 그만두고 싶은 마음이 들게 하는 얼굴이라니. 징글징글하다. 그런데 정작 변 차장 스스로는 이 사실을 모를 것이다. 아무튼 전생의 '웬수'는 회사에서 만난다고 했던가? 누가 한 말인지 딱 맞는 말이다.

그런데 이 대목에서 충격적인 사실 한 가지가 있다. 아니, 어떻게 보면 어처구니없는 사실이다. 이런 변 차장이 팀장을 포함하여 윗사람의 사랑을 독차지하고 있다는 점이다. 일도 칼같이 하고 비위를 귀신같이 맞춘다. 한번 생각해보라. 사람은 맞는 사람이 있고 안 맞는 사람이 있지 않은가? 변 차장은 윗사람에게 그런 게 없다. 자기 위로 누가 와도 다 맞춘다. 어떻게 사람이 그럴 수 있는가? 배알도 없는 인간이 아닌가? 아무튼 팀장의 총애를 얻고 있는 '넘버 2'이다 보니 팀에서 그의 이상하고 괴팍하고 짜증스러운 행동에 견제구를 꽂아줄 사람이 없다.

상황이 이렇다 보니 변 차장은 늘 기고만장하다. 변 차장이 현재 팀장의 뒤를 이어 차기 팀장이 될 거라는 말도 솔솔 들려온다. 하지만 변 차장이 팀장이 되면 팀을 떠나겠다는 팀원이 줄을 섰다 해도 과언이 아니다. 물론 그들의 속마음이 진짜 그런지는 확신할 순 없지만….

희석은 자신의 감정을 숨기지 못하는 스타일이다. 좋고 싫은 감정이 얼굴에 꽉꽉 티가 난다. 특히 변 차장에 대해서는 환절기 알러지 반응 수준이다. 다가갈 일도 없지만 그가 근처에 존재하는 것만으로도 표정이 굳어지고 말투가 거칠어진다. 희석은 이런 자신의 모습이 어쩔 수 없다고 생각한다. 감정을 숨기는 것이 오히려 솔직하지 못한 모습이고, 자신은 솔직한 성격이니까.

'AC, 일부러 저러기도 힘들지!'

희석은 혼잣말을 중얼거리며 분풀이를 하듯 애먼 노트북 컴퓨터를 꽝 하고 닫아버렸다. 변 차장이 들으라는 듯 말이다. 희석은 변 차장만 없다면 회사 생활이 두 배는 편해질 거라 믿는다. 아주 가끔이기는 하지만 변 차장이 너무 싫어서 그가 출근길에 교통사고를 당하거나 아파서 두어 달 출근을 못 했으면 좋겠다는 생각을 한 적도 있다. 하지만 그럴 가능성은 제로에 가깝다. 변 차장은 자기 관리의 귀재다. 누구보다도 회사에 일찍 출근한다. 아무도 그가 몇 시에 출근하는지 알지 못한다. 그보다 일찍 회사에 출근하는 사람이 없기 때문이다. 심지어 신종 감염병으로 인해 분위기가 뒤숭숭하고 재택근무가 한창일 때도 회사에 꿋꿋하게 출근을 했던 인간이다. 운동도 열심히 한다. 그것도 딱 한 가지만 한다. 회사 지하에 있는 헬스장에서 오로지 러닝머신만 뛴다. 얼마나 오랫동안 뛰는지 그가 러닝머신 위에서 뛰는 모습은 봤어도 내려오는 것은 본 적이 없다는 유명한 뒷담화가 있을 정도다.

"에휴~ 독종이야! 독종! 내가 그냥 말을 말아야지. 커피나 한잔 마시자!"

희석은 혼잣말을 중얼거리며 커피 한잔으로 변 차장에 대한 울컥하는 마음을 달랬다. 희석에게 커피 한잔은 자유다. 힘든 일이 생길 때나 좋은 일이 생길 때나 희석은 항상 커피를 마신다. 커피의 쓴맛이 왠지 자신이 처한 현실과 일치해서 동병상련을 느껴서일까, 아니면 현실의 쓴맛과 섞여 서로 상쇄되어서일까? 갈수록 커피가 유일한 위안거리이고 의존도도 점점 높아진다. 그러다 보니 요즘 커피를 너무 많이 마시는 통에 위장에 문제가 생겼는지 자꾸 속이 답답하고 불편하다. 이는 비단 희석만의 이야기는 아닌 듯하다. 회사 근처의 커피 가게들이 항상 꽉 차 있는 걸 보면.

"속 아파서 이것도 이제 못 마시겠네."

희석은 쓰린 속을 어루만지며 아까 닫았던 노트북을 다시 열었다. 먼저 인트라넷 메일함을 열었다. 교육 후 돌아왔더니 평소보다 많은 메일이 일렬종대로 호출을 기다리고 있다. 대충 헤아려 봐도 100여통 이상이라 메일만 읽어봐도 하루가 지나갈 것 같다. 희석은 한두 개 열어 보다가 그냥 지우기로 했다. 메일을 지우는 것도 일이다. 예전에는 하나하나 다 읽어봤지만 이제는 직접 관계된 것이 아니면 읽지 않고 곧바로 삭제한다. 마음 같아서는 전체 선택 버튼을 누르고 한꺼번에 순삭해 버리고 싶지만 아직까지 그런 배포는 없다. 혹시나 팀장이 확인할지도 모르니 제목이라도 대충 알고 있어야 한다. 위쪽부터 삭제해야 할 메일들을 죽 골라내는 순간 HR팀에서 전달된 메일 하나가 눈에 쏙 들어왔다. HR에서 오는 메일은 가급적 읽어봐야 한다. 신상에 관한 내용들이 많기 때문이다.

> ✉ [HR팀] 승격자 교육 Follow-Up 프로그램 안내

"뭐야? 교육 말고 뭐가 더 있어?"

뭔가 귀찮은 일이 생길 것 같은 불길한 느낌이 엄습해 온다. 회사에서 'Follow-Up'이라는 말이 붙어 있는 일은 대체로 성가시고 귀찮은 일이라는 의미다. 가끔 F/U라고 줄여 말하기도 하는데 어떤 이는 이를 'Fuck U'라고 읽기도 한다. 메일의 주요 골자는 회사 차원에서 금번 승진자를 위한 멘토-멘티 매치 프로그램을 진행한다는 것이었다. 멘토-멘티 매치 프로그램은 선임자가 멘토가 되어 후임자인 멘티에게 회사 생활이나 업무 수행에서 도움을 주는 프로그램이다. 메일의 내용은 다음과 같았다.

멘토-멘티 매치 프로그램 안내

금번 승격자 교육 과정에 참석해주셔서 감사드립니다. 우리 회사에서는 승격자 교육 프로그램 이후에는 Follow-Up 프로그램으로 '멘토-멘티 매치 프로그램'을 진행하고 있습니다. 이미 교육 과정에서 안내드린 바와 같이 희석 님은 멘티로서 멘토를 선정하셔야 합니다. 작년까지는 사내에서 적합한 분을 찾아 멘토를 선정하는 형식으로 진행했지만 올해부터는 프로그램의 실효성을 높이기 위해 멘티가 직접 멘토를 선정하는 형태로 변화를 주었습니다.

희석 님께 다음 사항을 요청 드립니다.

1. 회사 밖에 롤모델이 될 수 있는 분을 찾아 멘토로 선정해주십시오. 멘토를 정하시면 HR팀의 황은경 대리에게 이메일로 알려주시기 바랍니다.

2. 3월 이내로 멘토와의 첫 만남을 가져야 합니다. 멘토와의 만남은 최소 월 1회이며, 총 5개월 동안 진행됩니다. 멘토와의 만남을 통해 배우고 느낀 내용을 첨부파일의 양식으로 정리하여 제출해주시기 바랍니다. 제출해주신 내용은 5개월 후 Follow-Up 최종 미팅에서 발표 형식으로 다른 참가자들과 공유할 예정입니다.

PS. 멘토와 만날 때 소요되는 경비는 영수증을 제출해주시면 경비 처리를 해드리겠습니다.

"아, 내가 이럴 줄 알았다니까! 이 인간들이 가만 내버려두질 않는구먼!"

HR팀에서 시키는 일은 귀찮다고 무시할 수도 없다. 눈 밖에 나면 별로 좋을 일이 없기 때문이다. 메일의 골자는 승격자 교육의 후속 프로그램으로 멘토-멘티 프로그램을 진행한다는 것이다. 여기서 희석은 가르침을 받는 자, 즉 멘티가 된다. 그러면 가르침을 주는 자, 멘토가 있어야 한다. 그런데 올해부터는 이전과는 달리 멘토를 사내가 아닌 사외에서 멘티가 직접 찾아야 한다는 것이다.

"사람 귀찮게 하는 거는 아주 타고났구먼. 아주 천재적이야. 이런 프로그램을 할 거면 자기네들이 멘토도 직접 정해주는 게 맞지 않나? 멘토를 왜 나한테 찾으라고 하는 거냐고? 바빠 죽겠는데. 하여튼 얘네들 일하는 거 보면 정말 맘에 안 들어."

희석은 고개를 설레설레 저었다. 한편으로는 HR 부서에서 정해주는 '엄근진 끝판왕' 멘토를 만나 개고생하는 것보다는 잘 아는 사람 하나 찾아서 편하게 교육 받으면 좋겠다는 생각도 들었다. 도대체 누가 멘토로 좋을까? 그 순간 책상 위에 던져놓았던 명함 하나가 눈에 띄었다. 바로 교육 때 받았던 샤크 강사의 명함이었다.

다시 만난
샤크 멘토

1주일 후 희석은 '샤크'라는 독특한 이름을 가진 카페의 문을 열고 들어갔다. 샤크 강사와 만나기로 한 장소다. 샤크 카페에서 샤크 강사를 만나기로 한 것이다.

"샤크 강사님이 이 카페 사장님이신가?"

희석은 혼잣말을 중얼거리며 종업원의 안내를 받아 카페 귀퉁이에 자리를 잡았다. 카페에는 곳곳에 예쁜 열대어들이 가득 담긴 미니 수족관이 자리 잡고 있었다. 그런데 이곳의 백미는 무엇보다도 카페 중앙에 위치한 대형 수족관이었다. 높이 1미터에 길이가 5미터 정도 되는 대형 수족관에는 놀랍게도 진짜 상어 두 마리가 매우 빠른 속도로 쉼 없이 움직이고 있었다. 잔잔한 음악이 깔리고 사람들의 움직임이 많지 않아 정적으로 보일 수 있는 카페 공간에 상어 두 마리의 움직임은 마치 전체 공간에 강력한 운동 에너지를 공급하는 듯한 느낌이었다. 마치 영화 〈죠스〉의 배경 음악이 '빠~밤 빠~밤' 깔리면 딱 좋겠다는 생각이 들 정도였다. 수족관 앞에 착 달라붙어 상어의 움직임을 신기한 듯 바라보며 셀카 사진을 찍는 사람들도 있었다.

"우와, 상어가 있어서 카페 이름이 샤크구나? 거의 아쿠아리움 수준이네."

희석은 수족관에서 쉬지 않고 움직이는 상어를 바라보면서 바다에서 살아야 할 상어를 저렇게 좁은 공간에서 키워도 되는지 의문이 들었다.

"상어의 움직임이 아주 멋지죠?"

그때 곁에서 중저음의 목소리가 들렸다. 샤크 강사였다.

"아기 상어예요. 태어난 지 1개월 정도밖에 되지 않았어요. 몸집이 작기 때문에 저렇게 좁은 공간에서도 키울 수 있는 겁니다."

"그렇군요. 그런데 시간이 지나면 몸집이 점점 커질 텐데?"

희석은 자신도 모르게 대꾸했다.

"네, 맞아요. 그런데 한 가지 흥미로운 점이 있어요. 상어를 저렇게 좁은 공간에 가둬 키우면 몸집이 커지지가 않는다고 해요. 수족관의 사이즈에 맞게 자신의 몸집을 본능적으로 제한하는 거죠. 바다에서 자라면 5미터 이상은 쉽게 성장할 수 있는데 이런 곳이라면 아무리 커져도 1미터 이상은 어려울 거예요."

"상어 입장에서는 아주 황당한 일이네요."

희석은 순간 어항 속 새끼 상어의 모습이 자신과 다르지 않다는 생각이 들었다. 직장인들에게 가장 대표적으로 나타나는 현상이 성장의 정체다. 나이가 들면서 성장도 함께 이뤄져야 하는데 그렇지 못한 경우가 허다하다. 그뿐인가? 시간이 지날수록 내면의 의욕도 떨어지고 힘도 빠지는 전형적인 노화현상이 일어난다. 성장이 멈춘 채 노화가 이뤄지니 설상가상의 상황에 직면하게 된다. 직장인만큼 자신의 미래를 쉽게 이해할 수 있는 사람도 많지 않다. 왜냐하면 이미 조직 내부에 같은 길을 앞서간 선배들이 미래를 적나라하게 보여주고 있기 때문이다. 희석은 직장 내 또는 부서 내 선배들을 통해서 자신의 미래를 보곤 한다. 갈수록 약해지는 선배들을 보며 비전을 갖고 일을 하기란 매우 어려운 일일 것이다.

"수족관 속의 상어를 통해서 저의 모습을 보게 될 줄은 몰랐네요."

희석은 수족관 속 상어를 보며 왠지 모를 동병상련의 감정을 느꼈다. 그리고 쉴 새 없이 좌우로 움직이는 상어를 한동안 계속 지켜보았다. 생생하고 다이내믹하게 움직이는 상어의 모습은 황홀함 그 자체였지만, 그래서 좁은 공간 속에 갇혀 있는 모습이 더욱 짠해 보였다. 샤크 강사는 이런 희석을 묵묵히 바라보았다.

잠시 후 샤크 강사가 질문으로 대화의 물꼬를 텄다.

"희석 님이 저를 멘토로 선택하신 어떤 이유가 있나요?"

"네. HR 쪽에서 회사 바깥에서 멘토를 찾아야 한다고 해서요. 그리고 무엇보다 처음 뵀을 때 대화가 통할 것 같았어요."

희석은 샤크 강사로부터 교육을 받을 때 그가 대화를 풀어가는 방식이 마음에 들었다. 특히 강요하지 않고 질문을 통해 생각을 자연스럽게 정리하게 하고 이끌어가는 방식은 지금까지 별로 경험해보지 못한 체험이었다. 아마도 그런 덕에 명함을 달라고 요청했을 것이다. 샤크 강사는 희석의 말에 기분이 좋아진 듯 싱긋 웃었다.

"저는 대화를 아주 좋아합니다. 대화를 통해 풀리지 않는 문제는 거의 없다고 믿는 사람이기도 합니다. 대화를 하다 보면 무엇이 중요한지 깨닫게 되고 자연스럽게 풀리는 일이 많죠. 희석 님과의 만남이 그런 시간이었으면 좋겠네요."

두 사람의 곁에서는 상어 두 마리가 쉴 새 없이 움직이고 있었고, 두 사람 사이에는 따뜻한 아메리카노 두 잔이 도착해 있었다.

"그간 어떻게 지내셨어요?"

샤크 강사는 인사로 화제를 돌렸다.

"늘 힘들죠. 인고의 나날입니다. 갈수록 회사 생활이 힘들어져요. 이대로 가면 정말 안 될 것 같아요."

"혹시 어떤 점이 힘든지 말씀해주실 수 있을까요?"

만나자마자 속마음을 털어놓는 희석을 보며 샤크 강사는 희석이 매우 어려운 상태에 있음을 직감할 수 있었다.

"그냥 다요. 모든 게 다 힘들어요. 일도 힘들고, 사람도 힘들고, 그만두고 싶을 정도로….'

"정말 힘드신가 보네요. 그 정도면 말씀대로 정말로 회사 그만두셔야 하는 것 아닌가요?"

잠시 어색한 침묵의 시간이 흘렀다. 샤크 강사의 툭 던지는 말에 희석이 좀 민감해진 것이다. 희석은 저도 모르게 샤크 강사가 남 이야기라고 너무 쉽게 퇴사를 말하는 것이 아닌가 하는 생각도 들었다. 샤크 강사는 이를 아는 듯 모르는 듯 계속 말을 이어나갔다.

"혹시 회사를 떠나면 지금보다 더 나아질까요?"

희석은 별로 대답하고 싶지 않았지만, 질문에 답을 안 할 수는 없었다.

"글쎄요. 떠나보지 않아서 잘 모르겠지만…. 별 차이가 없을 수도 있고, 더 힘들어질 수도 있고…."

희석의 목소리가 점점 작아졌다. 샤크 강사는 아랑곳하지 않고 계속 질문을 던졌다.

"더 힘들어질 수 있다는 것은 무슨 의미인가요?"

희석은 가슴이 답답해졌다. 답도 없는 뻔한 이야기를 다시 하려니까 시간 낭비처럼 느껴졌다. 멘토를 그냥 아는 선배로 정해서 술이나 한잔 하고 대충 끝낼 걸 하는 후회감이 밀려왔다. 그렇다고 예의 없이 답변을 안 할 수도 없고…. 점점 더 희석의 목소리에서 힘이 빠져나갔다.

"글쎄요. 가족에 대한 책임도 있고. 회사나 부서를 옮긴다 해도 새로운 사람, 새로운 일, 새로운 환경에 적응하는 것도 쉽지 않을 것 같아서요."

"희석 님의 말씀을 들어보면 두 가지의 상반된 마음이 동시에 존재하는 듯 보입니다. 하나는 회사 생활이 너무 힘들어서 그만두고 싶은 마음입니다. 그리고 또 하나의 마음은 그럼에도 불구하고 떠날 수도 없는 마음입니다. 제 생각이 맞나요?"

샤크 강사는 확인하듯 재차 질문을 던졌다. 희석은 표현이 썩 내키지는 않았지만 부인하기도 어려웠다. 샤크 강사는 별로 말하고 싶어 하지 않는 희석에게 자꾸 질문을 던져 뭔가를 마주보게 하는 듯했다. 머뭇거리는 희석을 보며 그는 계속 말을 이어나갔다.

"실타래처럼 엉킨 생각이나 마음으로 힘들 때면 제일 먼저 해야 하는 일이 있습니다. 그것을 글로 정리해보는 것이죠. 글로 적어보면 복잡했던 생각이나 마음이 단순해집니다. 아니, 단순해지는 것이 아니라 핵심에 가까워진다는 표현이 더 좋겠네요. 그만큼 문제 해결에 좀 더 가까이 다가갈 수 있게 됩니다. 마치 자욱한 안개를 걷어낸 것처럼 말이죠."

샤크 강사는 희석을 물끄러미 바라보다가 이윽고 가방에서 포스트잇과 볼펜을 꺼냈다.

"자, 그러면 지금 희석 님의 상황을 좀 더 심플하게 정의해보겠습니다."

그러고는 포스트잇에 뭔가를 끄적끄적 적어 넣었다. 포스트잇에는 다음과 같이 적혀 있었다.

"이게 무슨 말이죠?"

"조직에 몸담고 있는 사람들이 가장 자주 경험하는 증후군 중의 하나입니다. 조직 생활이 너무나도 싫은데 그렇다고 해서 떠날 수도 없는, 쉽게 말하면 몸은 머물러 있지만 마음이 떠나 있는 상태를 말합니다. 지속될 때는 심각한 냉소와 무기력을 동반합니다."

"……."

말없이 생각에 잠긴 희석이 걱정되었는지 샤크 강사는 손을 좌우로 가로저으며 말을 이어나갔다.

"분위기가 너무 심각해지는 것 같네요. 너무 심각해지실 필요는 없습니다. 직장인에게 아주 많이 나타나는 증상입니다. 아마도 세 명 가운데 최소한 두 명은 이 병에 걸려 있을 거예요. 그리고 요즘 들어 그 비율은 점점 증가하는 추세입니다."

희석은 한 모금의 커피로 목을 축였다.

"그럼 어떻게 해야 하죠? 무슨 약 같은 처방이 있나요?"

희석은 말해 놓고도 자신의 농담과 같은 말이 우스웠다. '약 같은 소리 하고 있네.' 이 대목에서 그런 말이 왜 나왔는지 어이가 없었다. 반면 샤크 강사는 희석의 농담 같은 말에도 계속 진지하게 자신의 생각을 더해 나갔다.

"약 같은 것은 없습니다. 일단 무엇보다도 자신이 '내면적 자기퇴직 증후군'에 걸려 있다는 사실을 인정해야 합니다. 모든 병이 그렇듯 자신이 걸린 병을 인정해야만 제대로 된 처방을 할 수 있지 않겠어요?"

내면적 자기퇴직 증후군

비가 올 때는
우산을 써라

"만약 인정할 수 없다면요? '내면적 자기퇴직 증후군'에 걸려 있다는 사실을 제가 인정할 수 없다면요?"

희석은 저도 모르게 툭 말을 뱉었다. 이렇게 옴짝달싹할 수 없는 상황에 처하게 된 것을 자기 책임으로 받아들이는 것 자체가 싫었기 때문일 것이다.

"강사님 말은 마치 회사에서 저만 잘하면 된다는 이야기처럼 들려서요. 저를 이렇게 만들어버린 조직이나 사람의 잘못은 없는 건가요? 어떤 문제를 해결할 때는 원인을 먼저 찾고 그것부터 해소해야 하는 것 아닌가요?"

샤크 강사는 희석의 마음을 어느 정도 공감할 수 있었다. 자신역시도 과거에 직장 생활을 할 때 많이 가졌던 생각이기도 했다. 자신을 둘러싼 외부 환경이 원인이 되어 문제가 발생한다면 누구라도 이 같은 반응을 보이기 마련이다. 환경이 이상한데 왜 내가 바뀌어야 한 단 말인가. 먼저 억울한 감정이 앞서기 때문에 강한 심리적 저항이 일어난다.

하지만 샤크 강사는 희석의 이 같은 심리적 저항을 이해는 하면서도 무턱대고 받아들여줄 수만은 없었다. 그렇게 되면 외부 환경이 바뀌기 전까지는 문제가 해결되지 않을 것이기 때문이다. 동시에 자신과 희석과의 만남도 더 이상 의미가 없어질 것이다.

"충분히 그 마음을 이해합니다. 하지만 문제의 원인을 외부 환경 탓으로만 돌려버린다면 스스로 할 수 있는 일이 없어집니다. 그저 원망만 커질 뿐이죠. 우리는 비가 많이 온다고 해서 하늘을 원망하지는 않습니다. 그저 우산을 찾아 쓸 뿐이죠. 날씨가 좋아지기를 기대하면서 우선 내가 할 수 있는 일을 먼저 찾아보는 게 바람직하지 않을까요?"

희석은 더 이상 부인하기 어려웠다. 샤크 강사는 '내면적 자기퇴직 증후군'이라고 써놓은 포스트잇 옆에 새로운 포스트잇을 붙이고 뭔가를 적었다.

힘든 상태 = 변화가 필요하다는 강한 시그널

"아프고 힘들 때는 치료를 해야겠죠. 방치하면 갈수록 증상은 나빠질 겁니다."

희석은 샤크 강사의 말에 수긍을 하면서도 온전히 받아들이기는 어려웠다. 가뜩이나 힘든 상황인데 자신에게 스스로 변화할 수 있는 심적 에너지가 남아 있기는 할까? 샤크 강사는 계속 말을 이어나갔다.

"힘든 상태를 오히려 변화의 동력으로 활용할 수 있다면 이만큼 좋은 일도 없을 겁니다. 오히려 전화위복이 될 수 있죠. 반면에 힘든 상태를 방치하면 '자기 악순환'에 빠지게 됩니다."

"…하긴 그렇네요. 힘들면 뭐라도 해야 하는 건 맞긴 하죠."

"그렇습니다. 상식적으로 보면 뭐든지 해서 힘든 상태에서 벗어나는 게 맞는 거죠. 그런데 그런 선택을 하는 사람이 현실 속에서는 그리 많지 않습니다. 묘하게도 그냥 자신을 계속 힘든 상태로 방치하면서 점점 무기력해집니다. 더구나 주변 사람이나 외부 환경에 대해서도 점점 냉소적이고 부정적인 태도를 갖게 됩니다. 사실 삶의 진짜 위기는 힘든 상태 자체가 아니라 힘들 때 스스로를 방치하고 그 결과로 선택한 나쁜 행동이라고 보는 것이 맞을 겁니다."

"자신이 선택하는 나쁜 행동이 삶의 진짜 위기라고요?"

희석은 샤크 강사의 이야기를 좀 더 자세히 듣고 싶었다.

"네. 예를 들어볼까요? 희석 님은 안 좋은 일이 생겨서 힘이 들 때 주로 무엇을 하시나요?"

"저 같은 경우는 보통 술을 마시는 것 같아요….."

"혹시 술을 마시고 나면 안 좋은 일이 해결이 되나요?"

"대개 잊으려고 술을 마시는 거죠. 위로를 받거나."

"술이 도움이 된다고 믿으시는 거죠?"

희석은 잠시 생각에 잠겼다.

"폭음을 해서 문제죠. 특히 화가 나는 일이 있을 때 폭음을 더 많이 하는 것 같아요."

샤크 강사는 잠시 뜸을 들이다 말했다.

"그렇다면 삶의 진짜 문제는 화가 나는 일일까요? 아니면 폭음일까요?"

샤크 강사의 설명을 정리하면 우리는 힘든 상황에 이르게 되면 오히려 나쁜 선택을 하기가 쉬워진다고 한다. 힘든 상태인데 약을 주지는 못 할망정 자신을 괴롭히며 더욱 힘들게 만드는 것이다. 힘든 상황 때문에 나빠지는 것이 아니라 힘든 상황에서 스스로 선택하는 나쁜 행동에 의해서 나빠지는 이 '자기 악순환'은 스스로를 더욱 위기로 몰아넣는다.

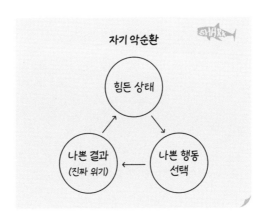

"그럼 제가 뭘 해야 하죠?"

"무엇보다 희석 님 스스로를 아껴야 합니다. 그리고 잘 보살펴야 합니다."

순간 희석의 입에서는 마음속 깊은 곳에서 탄식이 흘러나왔다. 그리고 눈가에는 살짝 촉촉한 기운이 올라왔다.

"왠지 마음이 좀 짠해지네요. 살면서 그런 생각을 해본 적이 별로 없었던 것 같습니다."

샤크 강사는 희석의 목소리가 조금씩 흔들리는 것을 느꼈다. 처음의 퉁명스러웠던 분위기가 점차 누그러지고 있음을 알 수 있었다.

"그러면 저를 어떻게 아끼고 보살필 수 있을까요?"

샤크 강사는 테이블 위에 네 가지의 동물 인형을 꺼내기 시작했다.

"이게 뭐죠?"

"희석 님의 마음속에 존재하는 네 가지 동물입니다. 희석 님이 아끼고 돌봐야 하는 동물이죠."

"제 마음속에 존재하는 네 가지 동물이라고요?"

"엄밀히 따져보면 희석 님 자신이기도 하죠."

샤크 강사의 알 듯 모를 듯한 말에 희석은 고개를 갸우뚱하며 동물 인형을 찬찬히 들여다보았다.

"잠깐 만져봐도 되나요?"

"물론이죠."

"이건 당나귀 같네요. 이건 제가 좋아하는 강아지고, 이건 닭인데 머리 위에 붉은 벼슬이 있는 것으로 보아 수탉이고, 이건 제법 포스가 느껴지는 고양이네요.”

“잘 보셨어요. 이제 희석 님의 마음속 이 네 가지 동물들이 어떤 상태인지 체크해봐야 합니다.”

“상태가 안 좋은 모양이죠?”

“일부가 안 좋을 수도 있고, 전체가 안 좋을 수도 있고. 그건 오직 희석 님만이 알 수 있습니다. 제가 희석 님 마음속에 들어갈 수 있는 것이 아니니깐요.”

희석은 살짝 머리가 아파왔다. 나를 보살피는 것과 이 동물은 도대체 무슨 상관인 걸까?

“일단 이 네 가지 동물이 어떤 존재인지를 알아야 합니다. 그래야 누가 상태가 안 좋은지 알 수 있습니다.”

희석은 동물 인형을 빤히 쳐다보았다.

“먼저 퍼니를 드릴게요. 퍼니는 당나귀의 이름입니다.”

샤크 강사는 테이블 위의 당나귀 인형을 집어 희석에게 건넸다.

“저에게 주시는 건가요? 이걸 가지고 제가 뭘 해야 하죠?”

“그냥 책상 위에 올려놓고 가끔씩 바라봐주시면 됩니다.”

“가끔씩 바라보라고요?”

“바라보면서 당나귀 퍼니가 무슨 말을 하는지 잘 들어보세요.”

“네?”

희석은 샤크 강사가 무슨 말을 하는지 도통 이해할 수가 없었다. 밑도 끝도 없이 책상 위에 올려놓고 가끔씩 바라보라니. 당나귀 인형을 여기저기 살피며 눌러보았다. 혹시 누르면 소리가 나는 인형인가? 아무리 여기저기 살펴봐도 그런 장치는 없어보였다.

"바라보다 보면 퍼니가 분명 뭔가를 이야기해줄 겁니다. 퍼니가 하는 말을 잘 들어보세요."

"멘토님, 그냥 말씀해주시면 안 될까요?"

희석은 계속되는 샤크 강사의 선문답 같은 말에 답답함을 넘어 조바심이 느껴졌다. 그런 희석을 보며 샤크 강사는 빙긋이 웃음을 지어보였다.

"제가 직접 말씀드리면 재미가 없잖아요. 쉽게 이해하는 것은 깊이 남지 않는 법이죠. 당나귀 퍼니가 희석 님을 도와줄 겁니다. 사무실 책상에 올려두시고 속상하거나 힘든 일이 생길 때마다 한 번씩 당나귀 퍼니를 쳐다봐주시면 됩니다."

희석은 당나귀 인형을 잠자코 쳐다보았다. 꽤나 호감이 가는 인형이었다. 길쭉하게 하늘을 향해 쭉 뻗은 커다란 귀와 호기심 가득한 두 눈은 희석에게 깊은 관심을 갖고 있는 듯 보였다. 앞발을 살짝 앞으로 들고 있는 모습은 마치 희석에게 악수를 건네는 것처럼 보였다.

DONKEY

FUNNY

2장

당신은 나의 귀한 손님

세대의 충돌

"멘토님! 멘토님!"

멘토-멘티로 만난 뒤 일주일 후, 희석은 우연히 회사 로비를 지나가고 있는 샤크 강사를 발견하고 반갑게 불렀다.

"아, 희석 님. 기분 좋은 우연이네요."

"그러게요. 오늘 저희 회사에 미팅이 있으셨어요?"

샤크 강사는 희석이 일하는 회사인 슈퍼테크의 조직문화 자문 컨설턴트로 일하고 있다. 외부 전문가로서 한 달에 한두 차례 방문하여 조직문화 스태프들과 만나 필요한 자문을 한다. 슈퍼테크는 최근 몇 년 사이에 회사가 급격히 성장했다. 수년 전부터 'Mobile First!'라는 기치를 내걸고 회사의 기존 오프라인 사업을 모바일 환경으로 바꾸어 나갔는데 이 전략이 시장에 제대로 먹혔기 때문이다. 이제는 오프라인에서 팔리는 상품의 비중은 불과 30퍼센트가 안 되며 그마저도 점점 줄어들고 있는 상황이다.

"그렇지 않아도 희석 님을 한번 만나고 싶었는데 텔레파시가 통한 모양이네요. 혹시 시간 되시면 커피 한잔 할까요?"

"이심전심입니다. 저 역시 드리고 싶었던 말씀이에요."

두 사람은 회사 로비에 위치한 카페에 자리를 잡았다. 희석의 마음은 웬만하면 회사 건물 밖으로 나가고 싶었지만 비가 세차게 오는 터라 번거로워 어쩔 수 없이 그냥 회사 로비에 위치한 카페를 이용하기로 했다. 밖에 비가 와서 그런지 빈자리를 찾기 어려웠다. 샤크 강사가 자리를 잡는 동안 희석이 커피를 주문해 받아왔다.

"그간 잘 지내셨죠? 그런데 오늘 무슨 일로 방문하셨어요?"

"기업문화팀과 회사 조직문화의 변화 방향에 대한 이야기를 나눴습니다. 한참 동안 회의를 했더니 머리가 좀 아프네요."

한편 슈퍼테크는 요즘 조직문화에 대한 골머리를 앓고 있다. 회사가 빠르게 성장하면서 새로 입사하는 직원들이 급격히 늘어나고 있는 데 반해 젊은 직원의 퇴사율이 점점 높아져가는 것이 문제였다. 입사 후 1년도 안 돼 무려 30퍼센트가 넘는 인력이 떠나고 있는 상황이다. 처음에는 평생직장이 퇴조하는 사회 전반적인 분위기와 한자리에 오래 머무르기를 원치 않는 요즘 젊은 세대들의 성향이 맞물려 일어나는 현상이라고 받아들였지만 결코 그냥 내버려둘 수만 없는 문제였다. 특히 회사 인력 구조의 고령화, 고직급화가 빠른 속도로 진행되는 상황에서 뭔가 긴급한 조치가 필요했다.

이러한 상황에서 기업문화팀 주관으로 몇 달 전 전사 구성원들을 대상으로 대대적인 조직문화 진단을 시행하였다. 그리고 최근 진단 결과가 나왔는데 젊은 직원들이 이탈하는 가장 큰 원인 중 하나로 '상 명하복의 위계질서'가 도출되었다. 그러자 기존의 회사에서 오랫동 안 일해온 시니어 직원들의 강한 반발이 일어났다. "젊은 친구들이 우리 때문에 떠난다는 겁니까?"라는 식으로 말이다. 이들이 이런 반 발을 하는 이유는 당연했다. 이들은 오랫동안 회사 성장의 주역이었 기 때문이다. 지금까지 과거 회사의 선배들로부터 배웠던 방식으로 일을 해왔고 또 앞으로도 그렇게 일을 하는 것이 옳다고 믿어왔던 사 람들이기 때문이다.

기업문화팀 입장에서는 조직문화를 개선하고자 했던 노력이 본의 아니게 회사에서 오랫동안 일해왔던 시니어들과 새롭게 입사한 주 니어들 간의 세대 갈등으로 문제가 불거져버린 것이다.

"이거 한번 보시겠어요?"

샤크 강사는 보고서의 장표 하나를 펼쳐 보여주었다. 거기에는 시 니어 사원과 주니어 사원들이 서로를 어떻게 생각하는지에 대한 설 문조사 내용이 정리되어 있었다. 좀 더 구체적으로 말하면 서로에 대 한 불만이 적혀 있었다.

"이걸 보면서 어떤 느낌이 드시나요?"

샤크 강사는 물끄러미 표를 바라보고 있는 희석에게 물었다.

"글쎄요."

희석은 한동안 말을 잇지 못했다.

주니어	vs	시니어
· 버릇이 없다.		· 너무 엄하다.
· 인내심이 부족하고 금세 포기한다.		· 너무 늦게까지 남아 일한다.
· 소통 및 대인관계 스킬이 떨어진다.		· 퇴근 후 회식을 강요한다.
· 자아가 강하다.		· 불필요한 절차와 형식을 강조한다.
· 개인주의적 성향이 강해 조직 생활에 취약하다.		· 자기 말만 옳다고 생각한다.
· 일에는 별 관심이 없어 보인다.		· 후배의 의견을 듣지 않는다.
· 이직 성향이 강하다.		· 고리타분하고 옛날 방식을 강요한다.
		· 쓸데없는 일을 만들어낸다.

"혹시 희석 님은 어디에 속하나요? 주니어? 아니면 시니어?"

"저는 좀 애매합니다. 주니어와 시니어 중간이라고 하는 게 맞을 것 같아요."

"그렇군요. 그러면 보다 중립적인 관점에서 보실 수 있겠군요."

"네. 그럴 수 있겠어요. 한 발 떨어져서 보니 둘 다 맞는 얘기 같네요. 시니어 입장에서 보면 주니어는 마치 세상 물정 모르는 '철부지'처럼 보일 것 같고요. 주니어 입장에서 보면 시니어는 '꼰대'가 따로 없을 것 같네요."

"비유가 와 닿네요. '철부지' 대 '꼰대'."

"사실 저도 승진하기 전까지만 해도 주니어 편에 가까웠어요. 그런데 막상 승진하고 함께 일하는 후배들도 생기고 하다 보니 시니어의 마음을 알겠더라고요. 아이를 낳아 키워보기 전까지는 부모의 마음을 모른다고 하잖아요?"

"오늘은 제가 희석 님에게 많이 배우는군요."

샤크 강사의 칭찬에 희석은 기분이 매우 좋아졌다.

"사실 요즘 우리 회사에서 일어나는 세대 갈등 문제도 그래요. 아마 주니어는 주니어대로, 시니어는 시니어대로 자신들의 행동이 100퍼센트 옳다 생각하고 있을 거예요. 그것이 그들이 각자 살아왔던 방식이니까요. 자신이 옳다고 생각하는 만큼 상대가 틀렸다고 생각하겠죠. 자연히 상대의 행동을 고쳐야 한다는 식으로 접근할 것이고, 그 과정에서 갈등이 발생하는 거예요. 한쪽 입장만 우선시한다면 서로 적이 되어버리는 구도가 될 수 있어요."

"그렇다면 조직문화에 대해서는 어떤 접근이 좋을까요?"

"제 생각에는 존중이 중요한 것 같아요. 사람의 행동은 모두 그럴 만한 이유가 있다고 하잖아요? 그들이 그렇게 행동하는 것을 있는 그대로 존중하고 받아들여줘야 해요. 주니어는 시니어 선배들의 행동에 대해서 문제가 있다는 식으로 접근하면 안 되고, 시니어가 주니어를 보는 입장도 그렇고요."

샤크 강사는 굳이 자신의 생각을 덧붙일 필요가 없을 정도로 희석의 생각이 마음에 들었다.

당나귀 퍼니,
'존중'을 말하다

"멘토님, 잠깐만요."

갑자기 희석은 눈이 둥그레지면서 머릿속에 뭔가 떠오른 듯한 표정이 되었다.

"알 것 같아요."

엉덩이를 들썩거리며 희석은 거의 자리에서 일어설 분위기였다.

"알 것 같아요. 퍼니가 무엇을 상징하는지…."

샤크 강사는 잠자코 희석을 바라보았다.

"사실 퍼니를 처음 봤을 때부터 왠지 그런 게 느껴졌어요. 굉장히 큰 귀를 가지고 있고 상대에 대한 호기심으로 가득 찬 눈동자. 여기에 뭔가 힌트가 있을 거라는 생각이 들었어요."

샤크 강사는 앉아 있던 의자를 바짝 앞으로 당겼다. 뭔가를 잔뜩 기대하는 표정으로.

"뭐라고 말씀하실지 기대됩니다. 그럼 퍼니가 상징하는 것은 무엇 인가요?"

"바로 '존중' 아닐까요? 사람에 대한 존중."

존중은 상대를 귀하게 여기는 태도다. 상대가 힘이 있든 없든, 지위가 높든 낮든, 전문성이 있든 없든 그 어떤 것에도 상관없이 동등한 존재로 받아들이는 것이 존중이다. 그래서 존중은 사람들을 비교하지 않는 것이다. 뭔가의 기준으로 사람들을 서로 비교해서 우위를 가리고 순서를 정하는 것은 결코 존중이 아니다.

> 당나귀 퍼니 = 사람에 대한 존중
>
> 존중 = 사람을 귀하게 여기는 태도

샤크 강사는 희석이 생각보다 빠르게 당나귀 퍼니가 상징하는 메시지를 찾아낸 점이 몹시 놀라웠다. 앞으로의 멘토링 활동이 아주 잘 풀릴 것 같은 기대감이 높아졌다.

"생각보다 쉽게 첫 번째 퀴즈를 잘 풀어내셨네요. 퍼니는 말씀대로 '존중'을 의미합니다. 그리고 희석 님의 마음속에 존재하는 첫 번째 욕구이기도 합니다. 인간은 사회적 존재이지요. 그리고 사회 속에서 존중받고자 하는 욕구를 가지고 있습니다. 자! 이제 정답을 찾으셨으니 희석 님의 마음속에 존재하는 퍼니의 상태를 한번 알아보도록 하죠. 퍼니는 잘 지내고 있나요?"

샤크 강사는 질문을 통해 자연스럽게 대화의 초점을 돌렸다. 희석은 입술에 힘을 주고는 고개를 가로저으며 대답했다.

"갑자기 한 사람이 떠올랐어요."

희석은 눈치를 보는 듯 주변을 살피더니 몸을 살짝 앞으로 당겼다. 아무래도 불편한 사람에 대해 언급하려니 누가 들을까 신경이 쓰인 모양이다.

"저희 팀에 변 차장이라고 있어요. 짜증 유발 대마왕이죠. 웬만하면 피해야 합니다. 저희들끼리 있을 때는 '벽 차장'이라고 호칭을 해요. 말이 안 통하거든요. 마치 벽에 대고 이야기하는 것 같습니다. 열심히 일해야지 마음먹다가도 얼굴을 딱 보면 만사가 다 싫어지는… 왜 그런 사람 있잖아요?"

희석은 자신이 갖다 붙일 수 있는 안 좋은 표현은 모두 사용해 변 차장을 묘사했다. 약간 흥분한 말투에서 그가 얼마나 변 차장을 싫어하는지 쉽게 알 수 있었다. 한편 샤크 강사는 '벽 차장'이라는 말에 살짝 웃음도 나왔다. 희석은 말을 계속 이어나갔다.

"사실 '벽 차장'만 없으면 좋겠는데, 그럴 가능성은 전혀 없어요. 차기 팀장으로 매우 유력한 사람이거든요. 회사가 참 이상해요. 왜 그런 사람이 인정을 받는지 도무지 알 수가 없네요."

"그럼 '벽 차장'이 구체적으로 어떻게 힘든가요?"

희석이 자꾸만 '벽 차장'이라고 하는 바람에 샤크 강사는 자신도 모르게 변 차장을 '벽 차장'이라고 부르고 있었다.

"사람을 개무시합니다. 아주 병아리 취급을 한다니까요? 이 세상에서 자기가 제일 잘났거든요. 이런 '벽 차장' 때문에 회사를 그만둔 사람이 한둘이 아닙니다. '벽 차장' 밑에서 3년을 견디면 득도한다는 말이 있을 정도예요. 앞에서 말씀드렸던 '존중'이라는 말 있잖아요? 그것과는 완전히 반대 위치에 있는 사람이죠."

"그렇게 문제가 있는 사람이라면 회사도 잘 알고 있을 텐데요?"

"말도 마세요. 아시잖아요? 오히려 그런 사람이 회사 오래 다녀요. 일은 아주 기막히게 잘하거든요. 윗사람이 가려워하는 것을 귀신같이 알고 긁어줍니다. 윗분들의 총애를 받고 있으니 문제가 있어도 말도 못 하고 언급도 안 되는 거예요. 말하자면 실세 '또라이'라고 할 수 있어요."

샤크 강사는 희석의 변 차장에 대한 반감을 피부로 느낄 수 있었지만 동시에 이 상황에 대한 우려의 마음도 커져갔다. 상대에 대한 반감이 클수록 인간관계의 문제는 점점 더 꼬이는 경향이 있기 때문이다. 세상을 살다 보면 원수 같은 사람과도 함께 일하고 밥도 먹고 생활해야 하는 일들이 생각보다 많다. 연을 끊고 살 것이 아니라면 상대로부터 받는 스트레스를 줄이며 함께 살아갈 수 있는 방법을 모색하는 것이 바람직하다. 어쩌면 삶에서 자신을 힘들게 하는 독한 사람은 필연일지 모른다. 독한 사람이 싫어 그를 떠나 새로운 곳으로 옮겨가는 경우도 있는데 경험적으로 보면 어느 조직이나 그런 사람이 일정 비율로 존재하기 마련이다.

"옛날 생각이 문득 나네요. 어디에 가나 그런 사람이 꼭 있는 것 같습니다."

"혹시 멘토님도 그런 사람을 만난 적이 있나요?"

"그럼요. 한둘이 아니죠? 가는 곳마다 저를 괴롭히는 사람들이 있었어요. 학교 다닐 때 우리 반에 반 친구를 대상으로 폭력을 행사하거나 돈을 빼앗는 나쁜 녀석이 있었어요. 학교 다니는 내내 그 친구 때문에 힘이 들었죠. 학교를 졸업하면 해방이 될까 싶었는데 군대에 갔더니 또 그런 사람이 있더군요. 그 사람은 학교 다닐 때의 그 나쁜 녀석보다 더 심한 사람이었어요. 군대를 전역하고 취업을 했는데 역시 회사에 또 그런 사람이 있었어요. 아주 괴로웠죠. 어느 날은 함께 일하는 사람들이 너무 좋은 거예요. 웬일인가 싶었더니 이제는 진상 고객이 나타나서 힘들게 하더라고요. 결론은 어디에나 그런 사람이 있다는 것입니다. 우리는 항상 힘든 사람을 만날 수밖에 없는 운명이 아닌가 싶어요. 차라리 그렇게 운명으로 받아들이면 한편으로 마음이 편해지는 점도 있습니다."

희석은 샤크 강사의 말을 듣다가 최근 한 동기에게 들었던 우스갯 말이 떠올랐다.

"맞아요. 얼마 전에 회사를 옮긴 제 동기한테 들은 이야기인데요. 자기를 짜증나게 하는 또라이가 싫어 회사를 옮겼더니 옮겨간 회사에 더 심한 또라이가 있다고…."

희석은 자기 말에 웃음이 나와 말을 제대로 잇지 못했다. 샤크 강사는 희석에게 이심전심의 하이파이브를 건넸다.

"인간관계가 어려운 것은 항상 힘든 사람이 주변에 존재한다는 겁니다. 누군가가 늘 주변에 일정 비율 이상으로 있기 마련이죠. 운이 없으면 그 비율이 높아질 수도 있고요. 하지만 힘든 사람이 없는 경우는 별로 경험하지 못했어요."

"일종의 '그 인간 증후군'이죠?"

샤크 강사는 뜻밖의 용어에 당나귀 퍼니처럼 귀가 쫑긋해졌다.

"'그 인간 증후군'이라고요? 그게 무슨 말씀이시죠?"

"방금 말씀하신 거요. 인간관계에서는 항상 힘든 사람이 존재하고 그 사람으로 인해서 생기는 몸고생과 마음고생을 뜻하죠."

희석은 뭔가 해낸 듯 의기양양하게 말했다. 샤크 강사 또한 맞장구를 쳤다.

"귀에 짝짝 붙는 찰진 표현이네요. 마음에 듭니다. 인간 사회에서 '그 인간 증후군'은 필연입니다. 중요한 것은 힘든 사람을 만날 때… 아니 '그 인간 증후군'을 겪고 있을 때 어떻게 대처할 것인가? 이것이 승부처가 되겠네요."

실세 또라이,
변 차장!

희석은 샤크 강사와 대화하는 내내 변 차장이 머릿속에 아른거렸다. 아무리 생각해도 그와의 관계 개선을 위해 스스로 뭔가를 할 자신이 없었다. 무엇보다도 그가 싫기 때문이다. 정말 지긋지긋할 정도로 싫고 그의 얼굴만 봐도 밥맛이 떨어질 것 같은 상태에서 무엇을 할 수 있단 말인가?

"근데 멘토님! 이건 저의 문제가 아니라 '벽 차장'의 문제인데 제가 나서서 뭔가를 꼭 해야 하나요?"

희석의 반문에 샤크 강사는 고개를 돌려 밖을 쳐다보았다. 어느새 밖에는 언제 그칠지 모를 폭우가 쏟아지고 있었다.

"밖에 비가 내리네요. 혹시 비 오는 날씨는 좋아하시나요?"

희석은 갑자기 대화 주제를 엉뚱한 방향으로 돌리는 샤크 강사가 좀 이상하게 느껴졌다. 질문이 좀 뜬금없어 보였다.

"이런 날씨를 누가 좋아하겠어요? 요즘 날씨가 미친 것 같지 않아요? 도대체 폭우가 며칠째인지 모르겠네요. 날씨 때문에 우울증이 생기려고 그래요."

희석은 고개를 설레설레 저으며 말했다.

"저 역시도 이런 날씨를 좋아하지 않습니다. 비가 이젠 좀 그치기를 바라지만, 바란다고 해서 비가 알아서 그치는 것도 아니고요. 어찌할 도리가 없는 거죠. 다만 중요한 것은 폭우가 내리는 상황에서도 내가 우울해지지 않을 수 있는 방법을 찾는 거 아닐까요?"

희석은 샤크 강사가 무슨 말을 하려는지 알 수 있었다. 외부 환경이 안 좋다고 그것을 무조건 자기 맘대로 바꾸는 건 어렵다. 바꿀 수 없다면 어려운 외부 환경에 맞게 스스로를 지킬 수 있는 방법을 찾는 것이 현명한 일일 것이다. 샤크 강사는 말을 계속 이어나갔다.

"혹시 말인데요. 회사에서 '벽 차장'과 잘 지내는 사람은 없나요?"

희석은 샤크 강사의 말이 떨어지기가 무섭게 고개를 가로저으며 말했다.

"에이, 당연히 없죠. 누가 '벽 차장' 같은 사람과 잘 지내려 하겠…."

순간 희석의 머릿속에 잠시 잊고 있었던 사람이 떠올랐다. 작년까지 같은 부서에서 일하다가 기획팀으로 옮겨간 표 과장! 그는 경력 사원으로 3년 전에 회사에 입사했는데 그의 적응력은 놀라운 수준이었다. 입사한 지 1년 만에 엄청난 친화력으로 마치 10년 이상 이 회사에서 일한 사람에 못지않을 정도로 주변 사람들과 잘 지냈다. 회사에서 그를 모를 사람이 없을 정도로 가는 곳마다 스파크를 일으키고 다녔다. 인접 부서와 협의 사항이 있거나 갈등 조정을 위한 협의회나 회식이 있을 때면 팀장은 항상 표 과장을 먼저 찾았다. 표 과장이 끼게 되면 험악하거나 삭막한 분위기도 금세 부드러워졌다. 심지어는 표 과장이 직접 관계된 일이 아닐 때도 "표 과장 뭐해? 다른 일 없으면 코디네이션 미팅에 같이 가자!"라며 표 과장을 참여시키는 일도 많았다. 후배 직원들은 뭔가 고민이 있을 때면 "표 과장님과 상의해볼까?"와 같은 말을 입버릇처럼 할 정도였다.

이런 표 과장은 당연히 팀 내에서 후배들에게 최고로 인기가 많은 선배였다. 그렇다고 해서 그가 항상 상대의 비위를 일방적으로 맞춰주는 사람이라는 말은 아니다. 그는 해야 할 말은 꼭 한다. 그런데 듣기 싫은 소리라도 그가 하면 왠지 마냥 싫다는 느낌이 없다. 변 차장은 심지어 좋은 얘기를 해도 짜증나는 경우가 많은데, 표 과장은 듣기 싫은 얘기를 해도 상대의 기분이 나빠지지 않는다.

무엇보다 그가 놀라운 것은 독사 같은 변 차장과도 잘 지냈다는 점이다. 그는 변 차장과 후배들 사이에서 불편할 수 있는 상황을 기막히게 조정하는 사람이었다. 마치 강한 외부 충격도 쉽게 흡수하는 강한 탄성을 가진 고무 범퍼와도 같이 말이다. 후배들의 불만을 자신이 대변하여 변 차장에게 전달하는 일도 자주 하였다. 그런데 신기한 것은 남의 말을 절대 듣지 않는 변 차장 아니 '벽 차장'도 표 과장의 말이라면 듣는다는 점이다. 그런 그가 팀에 함께 있었을 때는 변 차장의 안하무인 행동이 알게 모르게 견제도 되었고 후배들은 마

음 붙일 곳이 있었다. 그가 작년에 다른 팀으로 옮겼을 때 가장 서운
해했던 사람들도 바로 희석을 포함한 후배들이었다. 표 과장은 회사
내 다른 부서에서도 인기가 높아 그와 일하고 싶어 하는 부서가 많
았다. 그리고 경력 관리 차원에서 다른 부서로 옮겨간 것이다.

"표 과장이란 분에 대해 들어 보니 당나귀 퍼니가 떠오르는데요?"

"정말 그렇네요. 말씀드리고 나니 표 과장은 당나귀 퍼니와 유사
한 스타일이네요. 한마디로 인간관계 '만렙'입니다. 무엇보다 이야기
를 잘 들어주죠. 잘 도와주고 배려해주고요. 표 과장을 만나고 나면
안심이 되고 기분이 좋아집니다. 그러고 보니 주변에 힘든 사람만 있
는 건 아닌 것 같아요."

"원래는 좋은 사람들이 훨씬 많은 법입니다. 힘든 사람의 영향력
이 대체로 크게 느껴지다 보니 상대적으로 좋은 사람이 없는 것처럼
느껴지는 경우도 있죠."

관계에 있어서 항상 힘든 사람을 만나기도 하지만 반대로 주변을
따뜻하게 해주는 사람도 있기 마련이다. 이런 사람은 물과 공기와도
같다. 평소에는 그 가치를 잘 모르지만 없을 때는 빈자리가 크게 느
껴진다. 희석은 계속 말을 이었다.

"표 과장은 주변에 '적이 없는 사람'이에요. 표 과장을 싫어하는 사
람은 아마 없을 겁니다."

희석은 문득 표 과장과 만난 지가 꽤 오래되었다는 생각이 들었다.
그와 만나 자신의 문제를 상의해본다면 도움이 될 것 같았다.

"표 과장을 만나봐야겠어요. 그리고 어떻게 하면 변 차장과 같은

사람과 잘 지낼 수 있는지를 물어봐야겠어요."

"좋은 생각이네요. 의외로 답은 가까이에 있는 법입니다."

샤크 강사는 무엇이든 제대로 배우려면 스스로 그만큼의 정성을 기울여야 한다고 믿는다. 스스로 직접 궁금해하는 것을 정리해보고 그것을 배우기 위해 몸으로 경험하고 부딪히는 과정에서 진정한 학습이 이뤄질 수 있다. 쉽게 배운 것은 쉽게 잊어버린다. 샤크 강사는 해법을 찾기 위해 표 과장을 만나겠다는 희석의 적극적인 태도가 마음에 들었다. 문제 해결의 의지가 느껴졌다. 그리고 좋은 결과가 있을 것임을 확신했다.

희석은 샤크 강사와 헤어지고 나서 곧바로 표 과장에게 메시지를 보냈다.

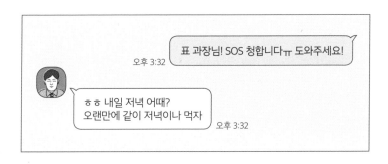

표 과장 그리고
욕쟁이 할머니의 비밀

희석은 다음 날 퇴근 무렵 표 과장을 회사 로비에서 만났다.

"표 과장님! 어디로 갈까요?"

"혹시 내가 장소를 제안해도 될까? 내가 굉장히 좋아하는 곳이 있거든."

"물론이죠. 과장님이 좋아하시는 곳이라면 어디든 좋습니다."

"좋아! 그런데 여기서 조금 떨어져 있어. 차 타고 가기엔 좀 애매하고 그냥 운동 삼아 걸어가자고."

표 과장이 제안한 곳은 회사에서 빠른 발로 15분 정도 걸리는 재래시장에 위치한 식당이다. 희석은 처음 찾아가는 곳이지만 표 과장이 좋아하는 곳이라면 뭔가 다른 것이 있을 것이라는 기대감도 살짝 들었다. 식당은 재래시장에서도 골목길 사이로 깊숙이 박힌 외진 곳에 위치해 있었다. 너무 외진 나머지 한번 와본 사람도 다시 찾을 수 있을 거란 보장이 없는 그런 곳이다. 이런 곳을 사람들이 어떻게 알고 찾아올까? 머리에 닿을 듯한 높이에 '욕쟁이 할머니집'이라는 간판이 붙어 있었다. 아마도 간판 가게 사장이 가장 싫어하는 유형의 간판일 것이다. 제멋대로 생긴 길쭉한 나무판자의 흰색 페인트 바탕에 검은색의 두툼한 붓글씨로 막 갈겨 써놓은 모양 없는 간판이다. 언제 달았는지 모를 정도로 오래되어 보였고 떨어질 듯 삐딱하게 붙어있는 것을 양쪽 벽면에 못을 박아 철사로 동여 매달아 놓은 상태였다. 아무리 요즘 레트로가 유행이라 하지만 이건 좀 심하다 싶었다.

희석은 표 과장의 뒤를 따라 미닫이문을 열고 들어갔다. 문 위의 딸랑거리는 방울이 요란하게 울렸다. 순간 희석의 눈은 휘둥그레졌다. 외진 바깥 분위기와는 달리 다들 어디서 왔는지 빈자리가 없을 정도로 홀은 사람들로 가득 차 있었다. 동그란 양은테이블을 두고 등받이도 없는 동그란 의자에 앉아 있는 사람들은 서로 등이 닿을 만큼 좁고 불편한 모습이었다. 하지만 다들 모처럼 명절에 고향이라도 방문한 듯한 귀성객과 같은 모습으로 웃고 떠들고 있었다. 시골 마을의 잔칫집이 아마 이런 분위기가 아닐까?

"썩을 놈! 참 일찍도 왔다."

표 과장이 식당 안으로 들어서자마자 몸집이 푸짐한 나이 드신 할머니가 타박을 했다. 야단을 치는 건지 반기는 건지 알 수 없는 묘한 표현이었다. 표 과장은 매우 익숙하게 할머니의 어깨에 손을 올리고 말했다.

"또또 그러신다. 회사에서 걸어오다 보니 늦은 거예요. 아시면서…
방 안으로 들어가면 되죠?"

"에구, 썩을 놈! 빨리 들어가! 늦게 올 거면서 꼭 방을 달라고 지랄
이야! 오려면 좀 일찍 올 것이지 말이야."

할머니는 말만 들으면 불만으로 가득 찬 모습이다. 만약 길을 걷
다 누군가가 이런 식으로 시비를 건다면 아마도 멱살이라도 잡고 싶
었을 것이다. 하지만 신기하게도 오히려 정겹게 느껴졌다. 표 과장은
실실 웃으면서 할머니의 어깨를 주물러드리며 말했다.

"할머니~ 요즘 건강하시죠? 무엇보다 건강이 최고예요. 돈 너무
많이 벌지 마세요."

"돈 같은 소리 하고 있네! 내가 너 같은 놈 땜에 돈을 못 버는 거
여! 이 썩을 놈아!"

할머니는 실제로 들고 있던 쟁반으로 표 과장을 내려칠 기세였다.
표 과장은 이런 할머니의 반응에 더욱 즐거움을 느끼는 듯했다. 희
석은 표 과장의 안내에 따라 홀 옆에 붙어 있는 자그마한 방으로 들
어갔다. 일반적인 식당의 정돈된 방을 생각하면 안 된다. 이건 누가
봐도 주거 공간이다. 네 다리를 접었다 폈다 하는 싸구려 접이식 밥
상이 군데군데 놓여 있었고 가정집 가구와 TV가 한쪽 벽면을 채우
고 있었다. 벽에 군데군데 사진 액자들이 붙어 있는데 아마도 할머
니의 가족사진들일 것이다.

"여기가 좀 허름해서 그렇지 있을 건 다 있어. 내가 예약을 하면 이
방을 내주신다니까. 이건 아무한테나 주는 게 아냐."

누가 봐도 허름한 옛날 시골 방에 불과한데, 표 과장은 VIP 대접이라도 받은 듯 의기양양한 표정이었다. 그런 표 과장의 말을 듣고 나니 왠지 공간이 특별하게 느껴졌다.

"그러게요. 좀 많이 색다르네요. 이런 분위기가 요즘 완전 유행이긴 하죠."

"아까 봤지? 나랑 엄청 친해."

"근데 친한 거 맞아요? 전 아까 할머니가 쟁반으로 진짜 때리는 줄 알았어요."

"인상과 말투가 고약해서 그렇지, 정이 아주 많으신 분이셔."

잠시 후 딱 봐도 푸짐한 파전이 막걸리와 함께 나왔다. 너무 크고 두툼한 파전 크기에 밑의 접시가 실종된 것처럼 보였다.

"에라! 이거나 쳐 먹어라! 그리고 좀 자주 와! 뭐 하느라고 그동안 얼굴도 안 보인 거야? 썩을 놈!"

"바쁘니까 그랬죠! 자꾸 이렇게 타박하면 다시 안 올 거예요!"

할머니는 말끝마다 표 과장을 '썩을 놈'이라고 했다. 할머니의 말투가 은근히 끌렸다. 자꾸 듣다 보니 묘하게 중독되는 느낌도 들었다. 그리고 그런 할머니에게 역시 만만찮게 반격하는 표 과장의 반응도 재미있었다. 표 과장은 희석에게 막걸리를 한잔 권했다.

"내가 한번 맞혀볼까? 무슨 고민이 있는지?"

표 과장은 희석의 고민을 이미 잘 알고 있었다. 누구에게 들었을까? 하긴 늘 사람 만나는 것을 좋아하는 표 과장이 작년까지 함께 일했던 희석의 고민을 알지 못하는 것이 이상할 것이다. 희석은 막걸리와 함께 자신의 고민을 표 과장에게 모두 털어놓았다. 표 과장은 고개를 끄덕거리며 희석의 이야기를 경청했다.

"여기 어떤 것 같아?"

표 과장은 희석의 고민을 한참 듣더니만 갑자기 화제를 돌렸다.

"분위기가 특이하네요. 회사 앞의 일반 식당과는 많이 달라요. 완전 시골이에요. 특히 저 할머니가 많이 독특해요."

희석은 열린 문틈 사이로 보이는 할머니를 손으로 가리키며 말했다. 그 순간에도 바깥 홀에서는 여전히 할머니가 손님을 타박하는 말이 계속 들려왔다.

"어떤 점에서?"

"손님에게 막말을 하는데도 그게 기분 나쁘게 들리지 않아요."

"그렇지? 그런데 왜 그럴까?"

표 과장은 막걸리 한 사발을 쭉 들이마시며 다시 물었다.

"누가 봐도 욕이잖아? 그런데 그 욕이 나쁘게 들리지 않는 이유는 뭘까?"

"글쎄요."

희석은 표 과장의 질문에 잠시 고민에 빠졌다. 뭔가 알 듯한데 그것을 명확하게 말로 표현하기가 어려웠다. 파전의 맛에 깊이를 더하는 만능 간장처럼 말투에 알 듯 모를 듯한 비법이 담겨 있어 보였다.

I Hate You!

～～～～～

"할머니의 듣기 싫은 소리가 듣기 싫지 않은 이유는….”

표 과장은 잠시 뜸을 들였다. 파전을 크게 한 입 베어 문 후 우물거리며 말을 이었다.

"저분은 나를 좋아하시거든. 그리고 내가 그것을 잘 알고 있고.”

희석은 잔뜩 기대했지만 표 과장의 답변은 생각보다 싱거웠다. 이게 무슨 소리인가 하는 표정으로 표 과장을 물끄러미 쳐다보았다. 표 과장은 이런 희석을 쳐다보며 재차 말했다.

"귀에 들리는 소리는 별로 중요하지 않아. 전해지는 마음이 중요할 뿐이지.”

사람은 자신을 좋아하는 사람을 좋아한다. 그래서 우리는 끊임없이 상대의 마음을 확인하려고 한다. 그가 나를 어떻게 생각하는지.

그것만 확인되면 겉으로 표현되는 말 따위는 전혀 중요하지 않는 것이다. 하지만 상대가 자신을 어떻게 생각하는지 확신이 없거나 상대가 자신을 싫어한다는 느낌을 갖게 되면 양상이 달라진다. 경계감이 커져서 상대방이 무심코 던진 말 한마디에도 민감해지기 마련이다. 심지어 듣기 좋은 이야기가 들려와도 믿지 못하고 의심을 하게 된다.

"만약 상대가 나를 싫어한다면요? 변 차장은 저를 확실히 싫어하는데요."

"변 차장이 희석을 싫어한다고? 그걸 어떻게 확신을 하지?"

"그걸 왜 몰라요? 저도 생각이 있는 사람인데. 변 차장이 저를 얼마나 막 대하는지 모르시죠?"

희석은 갑자기 술이 확 당기는지 막걸리 한 사발을 원샷에 들이마셨다. 표 과장은 멀뚱히 그런 희석을 바라보다 빈 잔에 술을 따라주면서 말을 이었다.

"변 차장은 나한테도 그러는데? 말도 막 하고 행동도 함부로 하고…."

"에이, 설마요. 과장님은 변 차장과 되게 잘 지냈잖아요?"

"무슨 소리야! 잘 지내지는 않았지. 나한테도 변 차장은 아주 힘든 사람이야."

희석은 잠시 이게 무슨 소리인가 싶었다. 표 과장의 입에서 이런 이야기가 나올지는 생각도 못했기 때문이다. 작년에 누가 봐도 변 차장과 그나마 대화가 가능했던 사람이 표 과장이 아닌가? 표 과장은 희석의 어리둥절해하는 마음을 잘 읽고 있었다.

"좀 헷갈리겠지만 변 차장은 나한테도 힘든 사람이었어. 그런데 나는 변 차장을 보며 그 사람이 나를 싫어한다는 생각을 해본 적이 없어. 그냥 원래 스타일이 그런가 보다 하고 생각할 뿐이지. 예를 들어 보자고. 저기 계시는 욕쟁이 할머니가 나에게 욕을 해댄다고 할머니가 나를 싫어한다고 말할 수는 없잖아. 나는 욕을 들으며 오히려 할머니가 나에게 관심이 많구나 라고 느낄 수도 있고. 대개 사람들은 자신이 싫어하는 사람을 만나면 상대도 자신을 싫어한다고 느끼는 경향이 있어. 혹시 당신이 변 차장을 싫어하니까 변 차장도 당신을 싫어한다고 느끼는 것은 아닐까?"

표 과장의 말이 희석에게 비수처럼 확 찔러 들어왔다. 하지만 희석은 마냥 가만히 있을 수만은 없었다.

"제가 변 차장이 싫다면… 그게 문제가 되나요? 안하무인으로 사람을 대하는 인간을 어떻게 좋아할 수 있겠어요?"

"그 사람의 스타일이 정히 맞지 않다면 굳이 애써서 좋아할 필요는 없어. 하지만 그렇다고 해서 싫어할 필요도 없지. 그냥 그 사람이 세상을 살아가는 방식일 뿐이니까."

희석은 표 과장의 말이 좀 이상하게 들렸다. 말이 앞뒤가 맞지 않았다. 좋아할 필요도 없는데 싫어할 필요도 없다니. 이게 무슨 말인가? 있는 그대로 받아들이기 어려웠다.

"그건 솔직하지 않은 거 아닌가요? 좋으면 좋은 거고 싫으면 싫은 거 아닌가요? 좋지 않으면 그건 싫은 거죠."

표 과장은 희석을 잠시 바라보았다. 이 대목에서 그는 분명히 할 말을 가지고 있었다. 그가 잠시 뜸을 들이는 이유는 그것을 희석의 기분이 상하지 않는 방식으로 전달하고 싶었기 때문이다.

"음… '좋지 않으면 싫은 거다' … 물론 그렇게 생각할 수도 있겠지. 하지만 그걸 솔직한 것이라고 표현하는 게 맞을까? 솔직하다고 표현하기보다는… 단순하다고 표현하는 게 더 맞지 않을까 싶어. 특히 민감한 인간관계에서는 더더욱 말이야."

표 과장은 다시 희석의 표정을 살폈다. 희석은 표 과장의 말에 약간의 충격을 받은 듯 보였다. 옳고 그름이 있듯이 좋고 싫음이 있는 것이 당연한 세상사가 아닌가? 살면서 한 번도 그것에 대한 의심을 해본 적이 없었다. 그런데 표 과장은 그것을 솔직한 것이 아니라 단순한 것이라고 규정한다. 표 과장은 좀 멍해 있는 희석을 아랑곳하지 않고 계속 말을 이어나갔다.

"그리고 상대를 싫어하면 안 되는 가장 결정적인 이유가 한 가지 있어. 그건 바로 나 자신을 위해서야. 만약 내가 누군가에게 싫은 감정을 표출하면 상대는 어떤 반응을 보일까? 자신에 대한 공격, 즉 선전포고로 받아들일 거야. 공격을 당하고 가만히 있을 사람이 어디에 있을까? 결국 상대도 나를 공격할 수밖에 없게 돼. 사람 사이에서 발생하는 전쟁에서는 승자와 패자가 따로 존재하지 않아. 결국 둘 다 힘들어지고 장기적으로는 서로 불행해지는 거지."

표 과장은 희석의 이해를 돕기 위해 말을 계속 이어나갔다.

"영어에서 보면 사람에게 절대 사용해서는 안 되는 표현이 한 가지 있어. 그것은 'Hate'라는 표현이야. 예를 들면 어떤 경우에라도

'I Hate You'라는 표현을 사용해서는 안 된다는 거지. 관계에서 금기어라고 생각하면 돼! 아마도 어린아이가 친구에게 무심코 이 말을 사용하면 부모가 펄쩍 뛰며 아이를 나무랄 거야. 세상에는 참 다양한 사람들이 많아. 그래서 우리는 모든 사람들과 좋은 관계를 형성할 수는 없어. 내가 아무리 상대에게 잘 대해줘도 열 명 가운데 한두 명은 절대로 나와 가까워질 수 없다는 말도 있잖아? 그게 관계야. 나와는 잘 맞지 않는 사람을 결코 좋아할 수는 없겠지. 그렇지만 그를 싫어해서도 안 돼! 앞에서 말한 것처럼 내가 상대를 싫어하면 상대도 자연스럽게 나를 싫어하게 되지. 결과적으로 나를 위해서 좋은 일이 아닌 거지."

상대가 자신의 입맛에 맞지 않으면 자칫 상대를 싫어하는 감정이 생길 수 있는데 이를 경계해야 한다는 말이다. 'Like'의 반대말은 'Don't Like'일 수는 있어도 'Hate'가 되서는 안 된다는 것이다.

"그렇다면 내가 상대를 좋아하는데 상대가 나를 싫어하는 경우라면요?"

희석은 아무래도 자꾸만 변 차장이 마음에 걸렸다.

"글쎄… 과연 그런 상황이 흔할까? 내가 좋아하는데 상대가 나를 싫어하는 상황이라… 그런 상황이 과연 있을까? 아! 한 가지 있을 수는 있겠다. 내가 스토커라면 그런 상황이 가능할 수도 있겠어."

희석은 표 과장의 재치에 웃음이 터져나왔다.

"좋아. 만에 하나 그런 일이 있다고 치자. 설사 상대가 나를 싫어한다 해도 나는 상대를 싫어할 필요는 없어. 그건 나의 문제가 아니라 상대의 문제일 뿐이지. 어떻게 세상의 모든 사람들이 나를 다 좋아할 수 있겠어? 만약 그런 일이 혹시라도 있다면 오히려 피곤하지 않을까?"

"상대가 나를 어떻게 생각하든 그건 중요하지 않다. 심지어 좋아하든 싫어하든 그것 역시도 중요한 게 아니다. 유일하게 중요한 건 상대에 대한 나의 마음이라는 말씀이네요."

"그렇지. 다시 말하면 인간관계는 상대가 나를 대하는 태도에서 결정되는 것이 아니란 말이지. 인간관계는 내가 상대를 대하는 태도에 의해 결정된다는 거야."

희석은 표 과장의 말을 머리로는 이해할 수 있으나 마음으로는 받아들이기 어려웠다. 언어상으로는 'Don't Like'와 'Hate'는 구분될지 모르지만 실제 현실에서도 이게 가능할까 싶었다.

"좋아하지 않다 보면 자연스럽게 싫어지는 감정으로 흐를 것 같은데 그런 경우는 어떻게 해야 하나요?"

"아주 좋은 질문이야! 그 질문이 안 나오면 어쩌나 싶었어. 어찌 보면 오늘 대화의 백미라고 볼 수 있어. 상대에게 싫은 감정이 자꾸 생길 때 어떻게 해야 하나? 이건 모두가 경험하는 자연현상이라고 생각해. 아마도 관계가 좋은 사람과 나쁜 사람의 차이가 여기서 결정이 될 거야. 상대에 대한 싫은 감정이 생길 때 무엇을 해야 하는가?"

희석은 표 과장의 말에 점점 빠져들었다. 뭔가 아주 중요한 이야기가 나올 것만 같았다. 귀를 열고 계속 표 과장을 주시했다. 이런 희석의 마음을 아는지 모르는지 표 과장은 말을 하는 대신 한 잔 술을 권했다. 막걸리의 걸쭉시큼한 맛이 폭신한 파전 속으로 오묘하게 녹아들었다. 이윽고 표 과장이 입을 열었다.

"노력하는 수밖에 없어. 싫은 감정이 생기지 않도록."

"네? 노력하라고요?"

"응. 싫은 감정이 생기지 않도록 노력하는 수밖에 없어."

희석의 얼굴이 갑자기 싸해졌다. 뭔가 대단한 이야기가 나올 줄 알았는데 결론이 '노력'이라니. 성의가 없는 답변처럼 느껴졌다.

"에이~ 지금 무슨 말씀을 하시는 거예요. 그렇게 안 되도록 스스로 노력하라니요."

희석의 얼굴에는 실망감이 가득했다.

"에이! 좋다. 나의 비장의 무기를 알려주지. 상대에 대한 'Hate'의 감정을 줄이거나 없애려면 말이야."

희석은 다시금 표 과장에게 집중했다. 마치 표 과장의 말을 받아 적기라도 할 태세로 듣고 있었다. 그런데 윽! 표 과장은 입을 열 듯하다가 느닷없이 술잔을 들더니만 건배를 권했다. 그러고는 오늘 저녁에 그것이 무엇인지 스스로 곰곰이 생각해보라고 했다. 자신이 내주는 숙제라고 했다. 그리고 정답은 내일 아침에 자신이 보낼 이메일에서 확인하라고 했다. 희석은 답을 알려주지 않는 표 과장을 보며 조바심이 나서 견딜 수가 없었다.

"자! 오늘은 쭉 한잔 하고 푹 자도록 해."

표 과장은 희석의 빈 잔에 다시 막걸리를 넘치도록 한 잔 따라주었다. 어쩔 수 없이 희석은 궁금증을 참으며 막걸리를 쭉 들이켰다.

다음 날 아침, 희석은 회사에 출근하자마자 메일함을 확인했다. 메일함 맨 상단에 표 과장이 보낸 메일이 하나 도착해 있었다. 그리고 메일의 본문에는 다음과 같은 시 한 편이 적혀 있었다.

✉ New Message   _ ↗ ✕

손님 - 잘랄 앗 딘 알 루미*

인간이란 존재는 여관과 같습니다.
매일 아침 새로운 손님이 찾아옵니다.
기쁨, 우울, 비열,
때로 순간의 깨달음이 찾아오기도 합니다.
기대하지 않았던 손님.
모두들 환영하고 접대하십시오.
비탄의 무리가 당신의 집을 거칠게 휩쓸고,
가구를 부수더라도, 모든 손님을 극진히 대접하십시오.
그러면 그 손님들이
당신을 새로운 기쁨으로 깨끗하게 씻어줄 것입니다.
어두운 생각, 수치, 원한을 웃음으로 맞으십시오.
그리고 당신의 집에 초대하십시오.
누가 오더라도 감사하십시오.
그들 모두는 저 너머로 당신을 안내하고자 찾아왔습니다.

희석은 표 과장이 보낸 시를 몇 번이고 반복해서 읽었다. 그리고 표 과장이 말한 정답이 무엇인지, 누군가에 대한 'Hate'의 감정을 가

---

*《그 안에 있는 것이 그 안에 있다》, 잘랄 앗 딘 알 루미 저, 최준서 역, 하늘아래

슴속에 품지 않는 방법이 무엇인지 확인했다. 정답은 시의 제목에 있었다. 바로 '손님'인 것이다. 풀어 말하면 살면서 만나게 되는 모든 사람을 찾아온 손님으로 여기고 손님으로 대하는 마음이다. 물론 손님은 내 마음에 쏙 드는 사람도 있겠지만 반대로 마음에 들지 않는 사람도 있다. 마음에 드는 손님보다도 마음에 들지 않는 손님이 훨씬 더 많은 것이 현실인지도 모른다. 하지만 마음에 들지 않는다고 해서 그가 손님이 아닌 것은 아니다. 모든 사람이 자신을 찾아온 손님이라고 생각하면 'Hate'의 감정으로부터 좀 더 용이하게 벗어날 수 있다. 특히 희석에게 가장 마음에 끌리는 부분이 있었다. 바로 시의 마지막 문구다.

> **그들 모두는 저 너머로 당신을 안내하고자 찾아왔습니다.**

이 말대로 생각해보면 변 차장 역시 희석을 저 너머로 안내하고자 찾아왔다는 말이 된다. 인간은 결국 만나는 사람과의 상호작용을 통해 새로운 세상을 만나게 된다. 좋은 사람은 좋은 방식으로, 힘든 사람은 힘든 방식으로 우리의 삶에 어떤 형태로든 영향을 준다. 누구도 여기서 예외가 될 수 없다. 결국 중요한 것은 그가 누구든 그 사람을 받아들이는 나 자신의 방식이 아닐까. 제아무리 사나운 강적을 만날지라도 그것을 중화시킬 수 있는 내공을 내가 가지고 있으면 되는 것이다. 싫은 사람을 싫어하는 것은 아무나 할 수 있다. 인간관계에서 결코 적을 만들지 않는 내공, 흔치는 않지만 이런 내공을 갖춘 사람을 주변에서 종종 찾아볼 수 있다.

'어쩌면 이런 내공을 터득하느냐 그렇지 않느냐가 인간관계의 승부처가 아닐까?'

희석은 문득 지금 내 곁에 나를 힘들게 하는 사람이 있다면 그를 통해 내가 무엇을 얻고 배울 수 있는지 생각해보는 것도 할 수 있는 방법이란 생각이 들었다. 그 싫은 사람이 어쩌면 '나의 인생'이라는 흥미진진한 드라마 속의 중요한 등장인물인지도 모른다. 더 깊은 깨달음과 통찰을 얻을 수 있도록 나를 위해 특별히 보내준 선물과 같은 사람인지도 모른다.

좋은 손님과
까탈스러운 손님

"표 과장과는 잘 만나셨나요?"

"네. 아주 잘 만났어요."

기다리던 샤크 강사와의 두 번째 만남에서 희석은 밝은 표정으로 나타났다.

"표정이 밝은데… 뭔가 소기의 성과를 얻으셨나요?"

"과연 인간관계 만렙 표 과장이었어요. 변 차장과의 문제가 아직 해결된 건 아니지만, 덕분에 제가 무엇을 해야 할지는 확실히 알게 되었네요."

"오! 그렇군요. 혹시 설명을 좀 해주실 수 있나요?"

샤크 강사는 호기심 어린 눈으로 희석을 바라보았다.

"손님이라고 생각하기로 했어요. 그냥 제 주변의 모든 사람을 손님이라고 생각하라고 했습니다."

"그게 전부인가요?"

샤크 강사는 너무나도 단순하고 깔끔하게 답하는 희석에게서 어떤 확신 같은 것이 느껴졌다.

"네. 굳이 다른 게 필요 없을 것 같아요. 그냥 만나는 사람을 손님이라고 생각하면 제가 선택해야 하는 행동이 명확해집니다. 이것저것 신경 쓰고 따질 게 별로 없어지죠."

"아! 그렇군요. 그럼 변 차장도 손님인가요?"

희석은 대답 대신 그냥 소리 내어 웃었다. 억지 섞인 과장된 웃음이었다. 변 차장을 손님으로 받아들이자는 머리의 생각을 아직 마음이 뒤따르지 못한 모양이다.

"그렇죠. 감정을 가라앉히고 저에게 찾아온 손님으로 생각하기로 했어요. 저 너머로 저를 안내하고자 찾아온 손님! 다만 손님의 유형이 여러 가지가 있지 않겠어요? 변 차장은 좀 까탈스러운 손님인 거죠. 아주 많은 걸 느끼게 하는 손님이죠."

"까탈스러운 손님이라! 하긴 좋은 손님보다는 까탈스러운 손님이 많긴 하죠."

샤크 강사는 포스트잇에 다음과 같이 적었다.

손님의 유형
1. 좋은 손님
2. 까탈스러운 손님

"따져보니 두 가지의 유형의 손님이 있겠네요. 하나는 '좋은 손님'이고 다른 하나는 '까탈스러운 손님'일 겁니다. 현실에서는 어떤 유형의 손님이 더 많을까요?"

"까탈스러운 손님이죠. 변 차장과 같은 그런 손님이 늘 많은 게 현실인 듯합니다."

"그렇군요. 그러면 '좋은 손님'과 '까탈스러운 손님' 가운데 누가 삶에 더 도움이 되는 사람일까요?"

희석은 샤크 강사의 질문에 망설임 없이 대답했다.

"당연히 '좋은 손님' 아닌가요?"

"왜 '좋은 손님'이 더 도움이 될까요?"

샤크 강사의 질문이 이어졌다.

"그건… 그리 신경 안 써도 되고, 스트레스 받을 일도 없고. 여러모로 편하고 도움이 되죠. 이런 분들만 있으면."

"그렇다면 '좋은 손님'이란 '편하고 도움이 되는 사람'이라고 정의해도 될까요?"

희석은 말없이 고개를 끄덕였고 샤크 강사는 포스트잇에 다시 내용을 적어 넣었다.

손님의 유형
1. 좋은 손님 = 편하고 도움이 되는 사람
2. 까탈스러운 손님

"그럼 '까탈스러운 손님'에 대해서도 다시 정의해보고 싶어지는데요. '까탈스러운 손님'은 어떤 사람이라고 정의할 수 있을까요?"

샤크 강사의 질문에 희석은 다시금 생각에 잠겼다.

"단순하게 생각하면 '불편하고 힘든 사람'일 수 있겠는데… 그렇게만 말하기에는 그렇네요. '까탈스러운 손님'도 결국 손님이니까요."

희석은 자신의 답변에 아직 확신이 없었다. 샤크 강사는 그가 자신의 생각을 좀 더 정리할 수 있도록 묵묵히 그를 바라보다 말했다.

"제가 좀 도와드려도 될까요? 이렇게 정의해보면 어떨까요? '까탈스러운 손님'은 '성장에 도움이 되는 사람'이다."

희석은 샤크 강사의 말에 무릎을 탁 쳤다.

"아, 듣고 보니 맞는 말이네요. 왜냐하면 '까탈스러운 손님'은 늘 예상을 벗어나거든요. 항상 다르거나 높은 수준을 요구하죠. 그 높은 수준을 맞추는 과정에서 자연스럽게 성장한다고 볼 수 있을 것 같아요."

샤크 강사는 다시 희석과 대화한 내용을 포스트잇에 적어 넣었다.

손님의 유형
1. 좋은 손님 = 편하고 도움이 되는 사람
2. 까탈스러운 손님 = 불편하고 힘든 사람 = 성장에 도움이 되는 사람

희석은 손님의 유형에 대해 잘 정리한 것 같아 만족감이 느껴졌다. 이어서 샤크 강사가 말했다.

"그렇다면 까탈스러운 손님은 어떤 식으로 맞이해야 할까요?"

"음… 일단 손님에게 뭔가를 기대하면 안 됩니다. 까탈스러운 손님일수록요. 내가 이걸 베풀면 상대가 나에게 이런 걸 해주겠지 하는 기대를 버려야 합니다. 기대하지 않으면 잃을 게 없으니 힘들 것도 없는 거죠."

"좋은 관점입니다. 만약을 가정하고 드리는 질문인데 상대가 나를 괴롭히는 상황이 발생한다면 그때는 어떻게 하실 건가요? 가령 도를 넘는 수준으로 상대가 나를 괴롭힌다면…."

희석은 잠시 생각에 잠겼다. 이 부분에 대해서는 미처 생각이 정리가 안 된 부분이 분명 있었다. 상대가 나를 심하게 괴롭히는 상황이 발생한다면 그때는 어떻게 할 것인가? 희석은 일단 상대를 손님이라고 정의하고 다시 생각하기로 했다. 찾아온 손님이 횡포를 부리는 일이 발생하면 어떻게 해야 하는가? 문득 예전에 해외 출장을 갔다가 호텔에서 경험했던 일이 생각났다. 한 고객이 호텔 로비에서 술에 만취해 고래고래 소리를 지르고 있었다. 이때 호텔 지배인이 그에게 다가가 정중하게 그의 문제 행동에 대해 알려주었다. 인상적이었던 것은 호텔 지배인의 태도였다. 그는 고객의 안하무인의 태도를 접하면서도 결코 화를 내는 법이 없었다. 아마 그가 화를 냈다면 어떤 일이 발생했을까? 아마도 고객은 더 크게 화를 냈을 것이고 더 큰 소란이 발생했을 것이다. 그는 끝까지 정중한 모습을 잃지 않고 그저 고객의 잘못된 행동과 그로 인한 부정적인 영향에 대해서만 이야기할 뿐이었다. 하지만 지배인의 노력에도 불구하고 그 고객의 행동은 바뀌지 않았다. 결국 호텔에서는 경찰을 불렀고 고객은 더 이상

호텔에 머무를 수 없었다.

"일단 그의 문제 행동에 대해서는 이야기를 해줘야겠어요. 안 그러면 계속 그럴 테니까. 그리고 여기서 중요한 것은 그가 손님이니까 'Hate'의 감정이 앞서지 않도록 해야겠죠. 화를 내서도 안 되고, 그가 공격받는다는 느낌을 줘서도 안 될 거예요. 손님과 어떤 일이 있어도 싸워서는 안 되니까요. 그냥 잘못된 행동에 대해서만 이야기하면 되겠죠."

"그럼에도 불구하고 문제 행동이 지속된다면 어떡하실 건가요?"

"그렇다면 그의 말이나 행동으로 인해 내가 힘들다는 사실을 상대에게 분명히 알려줘야 합니다. 계속 매를 맞고 있을 순 없잖아요. 그리고 알려줘도 계속 같은 행동을 한다면 더 만나면 안 되겠죠."

"좋은 생각입니다. 관계에서 주의할 점이 하나 있어요. 만나는 모든 사람을 손님으로 생각하는 태도는 자연스레 상대를 존중하는 태도를 유지할 수 있어서 참 좋습니다. 그러나 누군가 나를 괴롭힐 때 이를 방치하는 것은 맞지 않습니다. 상대를 존중하는 만큼 스스로도 존중받아야 하는 존재입니다. 괴롭히는 문제 행동은 방치하지 말고 분명하게 말해야 합니다. 의외로 자신의 행동이 누군가에게 피해를 주고 있다는 사실을 알지 못하는 사람이 많습니다."

희석은 샤크 강사의 말에 고개를 주억거렸다. 만약 문제 행동에 대해 알려주었음에도 불구하고 계속 괴롭히는 사람이 있다면 그는 맞지 않은 손님이다. 그와 같은 손님과는 거래를 지속할 이유가 없다. 그렇지 않으면 호텔이 망할 테니까.

샤크 강사는 희석의 '손님' 이야기를 들으며 그가 앞으로 관계의 문제에서 지금보다 더 잘 대처할 것이라는 믿음이 느껴졌다. 사람을 대하는 기본적인 태도, 까탈스러운 사람이나 자신을 괴롭히는 존재에 대한 대응 방식 등 관계 형성의 중요한 영역에서 희석이 확고한 원칙을 세웠음을 느꼈기 때문이다. 물론 생각대로 현실이 맞아떨어지지 않을 수도 있지만, 최소한 이러지도 저러지도 못 해 고통을 겪는 상황에서는 벗어날 수 있을 것이다.

"이제 희석 님의 마음속 퍼니가 기운을 차리는 게 느껴집니다."

샤크 강사는 고개를 끄덕거리며 희석에게 손을 내밀어 악수를 건넸다. 희석도 뿌듯하게 말했다.

"저도 왠지 전보다 마음이 편해졌어요. 퍼니를 잘 만났으니 이제 두 번째 동물을 만나고 싶네요. 그런데 두 번째 동물은 누구인가요?"

샤크 강사는 가방에서 강아지 인형을 꺼냈다.

"두 번째 동물은 로티라는 이름을 가진 강아지입니다."

희석은 샤크 강사로부터 강아지 로티를 건네받았다. 윤기 나는 노란 빛깔의 털을 가진 귀여운 강아지 로티. 희석은 강아지 로티가 무엇을 상징하는지 굳이 물어보지 않았다. 샤크 강사가 그것을 알려줄 리도 없거니와 당나귀 퍼니의 경우처럼 자신이 직접 맞혀보고 싶었다. 그리고 굳이 물어보지 않아도 왠지 이번에는 쉽게 맞힐 수 있을 것 같았다.

희석의 멘토링 첫 번째 노트

1. 학습 주제
그 인간 증후군 극복하기

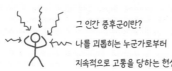

그 인간 증후군이란?

나를 괴롭히는 누군가로부터

지속적으로 고통을 당하는 현상.

· 관계는 상대가 나를 대하는 태도가 아니라 내가 상대를 대하는 태도에 의해
 결정된다.
· 좋게 보면 좋게 들리고 나쁘게 보면 나쁘게 들린다.
· 'Like'의 반대말은 'Hate'가 아니라 'Don't Like'다.
· 나는 손님이 찾아오는 여관이고 나를 찾아오는 모든 사람은 손님이다.
· 좋은 손님보다는 까탈스러운 손님이 항상 더 많은 법이다.
· 내 주변의 모든 사람은 나를 저 너머로 안내하기 위해 찾아온 사람들이다.

- -

2. 관련 실천 행동
· 상대에게 먼저 다가가기
· 상대의 부정적인 정보다는 좋은 점을 먼저 보기 위해 노력하기
· 상대에게 작은 호의 베풀기
· 스스로 적을 만들지 않기(누군가에게 'Hate'의 감정 갖지 않기)
· 상대가 나를 싫어한다고 단정짓지 않기

PUPPY

LOTI

3장

인정받는 '넘버 투'의 비밀

'윗사람 울렁증'과 '윗사람 울컥증'

"이 일의 목적이 뭔가요?"

"이 일에서 가장 중요한 게 뭐죠?"

"이 일을 한마디로 정의한다면 뭐라고 말할 수 있죠?"

"일을 추진하면서 발생할 수 있는 예상되는 문제는 무엇인가요?"

희석은 팀장에게 사업계획을 보고하는 중이다. 팀장의 질문이 속사포처럼 이어졌고 희석의 표정은 점점 굳어갔다. 팀장의 질문에 똑부러지게 답변을 하지 못하고 우왕좌왕에 횡설수설이다. 팀장이 미덥지 않은 표정으로 한마디 던졌다.

"원점에서 재검토해주세요."

팀장의 싸늘한 지시를 마지막으로 회의가 끝났다. 희석은 책상 위의 널브러진 서류를 주섬주섬 챙겨 회의실 밖으로 빠져나왔다. 거의 뒷목 잡는 수준의 결말이었다. 일을 진행하기는커녕 보고서를 처음부터 다시 써야 하는 상황이라니….

"아, 이거 언제 다시 하나? 완전 폭망이네…."

어깨가 축 늘어진 채 입에서는 절로 탄식이 터져나온다. 전장에서 박살난 패잔병이 이런 느낌일까? 싫다. 한두 번도 아니고 품의서가 제때 통과되는 법이 없다. 결재를 못 받는 상황이니 일은 도무지 진행이 되지 않고 스트레스만 가득이다. 컨펌은 항상 제때 한 번에 받아야 한다. 다시 보고 날짜를 잡기도 어렵고 피드백 사항까지 반영해서 새롭게 계획을 수립해야 하기 때문에 논리도 꼬이고 조정해야 할 일도 많아진다. 일이 지연되면서 안 해도 되는 일들이 생겨나는 경우도 많다. 결과적으로 일이 두 배, 세 배로 힘들어질 수밖에 없다. 업무 추진 속도를 높이기 위해 협력사에게 스탠바이 하라고 일러두기까지 했는데 이제 와서 뭐라고 변명해야 할지 난감하기 짝이 없다.

사실 희석은 한 가지 심각한 콤플렉스를 가지고 있다. 팀장으로부터 뭔가 질문만 받으면 머릿속이 하얘지고 속이 갑갑해지는 증상이다. 다 아는 이야기도 막상 질문을 받게 되면 지우개로 누가 지워버리기라도 한 듯 아무것도 생각나지 않는다. 팀장과 대면하는 상황자체도 그저 불편하다. 빨리 벗어나고 싶을 뿐이다. 직속 상사인 팀장에게도 이런 상황이니 그 위로 줄줄이 위치한 임원은 말할 것도 없다.

사원 시절만 해도 남들도 다들 그러려니 여기며 스스로 문제 삼지 않았다. 더구나 윗사람을 만날 일도 그리 많지 않아 별다른 어려움도 없었다. 그런데 점차 조직에서 연차가 높아지면서 상황이 달라지기 시작했다. 이제는 의지할 수 있는 선배들도 팀에 얼마 남아 있지 않다. 더구나 자신을 바라보고 있는 팀 내 후배들도 챙겨야 한다.

상황이 이렇다 보니 일이 제대로 될 리 만무하다. 뭐라도 일을 하려면 항상 의사결정 권한을 가진 팀장을 만나 상의도 하고 설득도 해야 한다. 그런데 그 자체가 난관인 것이다. 다른 팀원은 문제가 생기면 윗사람과 상의하여 일을 잘도 풀어나간다. 하지만 자신은 윗사람을 만나고 나면 일이 더 꼬이고 복잡해져 버린다.

희석이 팀장으로부터 가장 듣기 싫은 말이 하나 있다. 바로 '원점에서 재검토'라는 말이다. 아마 직장인이라면 누구에게나 지옥과 같은 말일 것이다. 이 말 한마디에 기존에 진행해온 일이나 노력이 일순간에 물거품이 되면서 확 꼬여버리고 만다. 윗사람 입장에서는 툭 던지는 말일 수 있지만, 당하는 사람 입장에서는 욕 나오는 말이 아닐 수 없다. 문제는 희석의 팀장은 유난히도 이 말을 자주 사용한다는 점이다. 너무 자주 사용해서 팀장의 별명이 '원점에서 재검토'일 정도다. 거기다 희석은 팀장에게 이 말을 가장 많이 듣는 사람이다. 1년 내내 '원점에서 재검토'를 하느라 뭘 해보지도 못하고 늘 제자리 상태에 있었던 적도 있었다. 사람을 비꼬고 놀리는 것을 좋아하는 변 차장이 이를 놓칠 리가 없다. 항상 '이번에도 원점이야?' 또는 '다행히도 원점은 아니네?' 하면서 속을 뒤집어 놓는다.

이게 점점 반복되다 보니 희석에게는 모든 게 어려워졌다. 결재받기도 어렵고 문제가 생겼을 때 일을 풀어나가기도 어렵고. 한마디로 총체적 난국이다.

늘 만나던 카페에서 샤크 강사를 만난 희석은 바로 자신의 고민을 털어놓았다.

"멘토님! 왜 그런지 모르겠어요. 저는 윗사람이 항상 힘들어요."

"그러시군요. 그럼 주로 어떤 상황에서 윗사람이 힘들다고 느끼시나요?"

"그냥 만나는 것 자체가 힘들어요. 만나면 긴장되고 그 자리를 빨리 피하고 싶은 마음뿐입니다. 만약 윗사람과 단둘이 밥을 먹는다면 아마 소화가 안 돼서 금방 체하고 말 겁니다."

조직에서 이런 증상을 느끼는 사람은 크게 두 가지 유형이다.

하나의 유형은 '자포자기' 유형으로 조직 생활 자체에 대한 기대가 높지 않은 사람이다. 쉽게 말해 조직이나 윗사람으로부터 인정받기를 포기한 유형이라 보면 될 것이다. 조직에서 인정받고 싶은 마음이 전혀 없으면 윗사람을 만날 필요도 없고 윗사람과 만나지 않을수록 좋은 일일 것이다.

다른 또 하나의 유형은 '윗사람 울렁증'을 느끼는 유형으로 인정받고 싶은 마음은 큰 데 반해 윗사람을 한없이 어렵게 느낀다. 말 그대로 윗사람이 '넘사벽'으로, 심리적으로 너무 높은 곳에 위치해 있어 지나친 경외감을 느끼는 것이 하나의 큰 원인일 수 있다. 그러다 보니 윗사람을 만나면 강한 긴장감과 스트레스를 느낀다. 그래서 할 말도 제대로 못 하고 같이 있는 것 자체가 힘들어진다. 마치 초원에서 사나운 사자와 조우한 형국이라고 할까.

샤크 강사는 희석이 이 두 가지 유형 가운데 어떤 유형일까 궁금해졌다.

"혹시 팀장님이나 윗분에게 인정받고 싶은 마음은 있나요?"

희석은 샤크 강사의 질문에 의아한 듯 눈이 똥그래졌다. 한편으로 자신을 뭘로 보고 이런 질문을 하나 싶었다.

"그건 당연한 것 아닌가요? 당연히 인정받고 싶죠. 세상에 인정받고 싶지 않은 사람이 누가 있겠어요?"

샤크 강사는 충분히 이해한 듯 고개를 끄덕이며 말했다.

"그렇다면 좀 쉬워졌습니다. 희석 님은 제가 이미 알고 있는 증상을 앓고 계시는군요."

희석은 난데없이 자신의 상태를 하나의 증상이라는 샤크 강사의 말이 이상하게 들렸다. 한편으로는 이런 자신의 상황이 자신만의 문제는 아닌 것 같다는 생각도 들어 왠지 안심이 되기도 했다.

"바로 '윗사람 울렁증'이라는 증상입니다. 'VIP 증후군'이라고도 하죠. 여기서 VIP는 자신에게 미치는 영향력이 매우 강한 사람이라는 뜻입니다. 조직에서는 직속 상사와 같은 윗사람일 수도 있고 외부의 사업 파트너일 수도 있습니다. 또한 내가 제공하는 상품이나 서비스를 제공받는 중요한 고객일 수도 있습니다. 이런 사람들은 모두 나에게 중요하기 때문에 이들을 만날 때 스스로 지나치게 위축이 되는 거죠. 자신의 생각을 윗사람에게 전할 때 불편함을 느끼기도 하고요. 결과적으로 자신이 가진 기량을 제대로 펼쳐보지도 못하게 됩니다. '윗사람 울렁증'의 구체적인 증세는 다음과 같습니다."

샤크 강사는 포스트잇을 꺼내 윗사람 울렁증의 정의와 주요 증세를 하나하나 적으며 설명해주었다.

윗사람 울렁증

- 정의
  윗사람을 보면 긴장감을 느끼고 마음이 불편해지고
  행동이 부자연스러워지는 현상

- 주요 증세
  길을 가다 윗사람을 마주치면 가던 길을 돌아간다.
  윗사람에게 뭔가 문제를 알릴 때 혼날까 봐 미리 걱정한다.
  윗사람을 불편하게 하는 말을 잘하지 못한다.
  윗사람의 질문에 말문이 막히는 경우가 많다.
  윗사람이 지나가다 한 소리에도 마음이 걸린다.
  윗사람의 말 한마디에 자신의 모든 생각이 무너진다.
  윗사람과 헤어지면 마음이 편해진다.

"혹시 이러한 주요 증세 가운데 몇 가지나 해당되시나요?"

샤크 강사의 질문에 희석은 허탈한 듯 웃었다.

"거의 전부 다요. 이건 완전 제 이야기네요."

희석은 샤크 강사가 적어준 '윗사람 울렁증'의 주요 증세를 하나하나 손가락으로 짚으며 읽어보았다. 자신의 평소 행동이 어떻게 이렇게 정확히 기록될 수 있을까 하는 신기함마저 느꼈다.

"특히 마지막 증세가 마음에 와 닿습니다. 저는 정말 윗분을 만나

면 많이 불편해지고 헤어지면 마음이 편해지거든요. 그러다 보니 윗분이 찾지 않으면 어지간해서는 먼저 다가가지 않아요. 너무 불편하거든요. 굳이 찾아가서 스트레스를 느끼고 싶지는 않아요. 에휴."

희석은 길게 한숨을 내쉬었다.

"그렇군요. 조직 생활을 하는 사람치고 윗사람이 불편하지 않은 사람은 아마 거의 없을 겁니다. 정도의 차이가 있을 뿐이죠. 알게 모르게 모두가 이런 증상을 가지고 있어요. 너무 심각하게 생각하실 필요는 없습니다. 다만 4개 이상 해당되면 중증이라 볼 수 있습니다. 희석 님은 일곱 가지 모두 해당된다고 말씀하셨으니 심각한 중증이라 볼 수 있겠네요. 가급적 이른 시일 내에 치유하는 것이 좋겠어요. 이 상태가 계속 지속되면 '윗사람 울컥증'으로 문제가 더 심각해질 수 있어요. 이로 인해 조직 생활 자체에 큰 위기를 맞을 수도 있고요."

"'윗사람 울컥증'은 뭐죠? '윗사람 울렁증'과는 다른 건가요?"

"'윗사람 울컥증'은 '윗사람 울렁증'이 심해지면서 나타나는 현상입니다. 스트레스를 견디다 못해 임계점을 넘어서는 것입니다."

희석은 완전 자신에 대한 이야기라는 생각이 들어 한편으로는 웃음이 나오기도 했고 마음 한편에서는 두려움도 느껴졌다. 임계점을 넘어서는 것이 무엇인지 아직 알지 못하기 때문이다. 이러한 희석의 마음을 알아차렸는지 샤크 강사는 희석에게 질문 한 가지를 던졌다.

"혹시 윗사람과 관계가 좋지 않아서 회사를 떠난 사람을 본 적은 없나요?"

"네. 몇 사람 본 것 같아요. 혹시 이런 것이 임계점을 넘는 건가요 윗사람이 힘들어 회사를 그만두는 것 같은?"

"네. 그렇습니다. 가장 많이 나타나는 유형입니다. 통계에 따르면 회사를 그만두는 사람의 약 60퍼센트가 윗사람과의 힘든 관계 때문이라고 합니다. 이 외에도 여러 가지 형태가 있습니다. 일터에서 등지고 살든지 사사건건 충돌한다든지…."

"절이 싫으면 중이 떠나는 거네요."

"아니죠. 중은 절을 떠나지 않습니다. 그 말은 잘못된 말입니다."

희석은 샤크 강사의 단호한 말에 어리둥절해 하며 물었다.

"네? '절이 싫으면 중이 떠난다.' 이거 맞는 말 아닌가요?"

"중은 절이 싫어서 떠나지 않습니다. 중이 절을 떠나는 이유는 뭘까요? 과연 절이 싫어서일까요?"

"……."

"중은 절을 떠나는 것이 아니라 사람을 떠나는 것입니다. 예를 들면 주지 스님이 힘들어 떠나는 거죠."

강아지 로티,
'인정'을 말하다

"결국 강아지 로티에 대한 이야기네요."

희석은 문득 지난번 만남에서 샤크 강사로부터 받았던 강아지 로티가 떠올랐다.

"그렇죠. 이미 눈치채셨을 거라 생각하지만 강아지 로티가 상징하는 것은 '인정'입니다. 강아지의 특성을 조금만 생각해보시면 바로 알 수가 있죠. 강아지에게 가장 중요한 것은 주인의 인정입니다. 인정받지 못하면 우울증에 걸리거나 성격적인 측면에서 많이 나쁜 상태가 되고 맙니다."

"그런데 '존중'과 '인정'이라는 말은 서로 다른 말인가요? 당나귀 퍼니는 존중을 상징하고, 강아지 로티는 인정을 상징하는데 서로 어떻게 다른지 모르겠어요. 두 낱말에서 별 차이가 느껴지질 않아요."

"아주 좋은 질문을 해주셨어요."

샤크 강사는 포스트잇에 존중과 인정의 공통점과 차이점을 기록하면서 설명하기 시작했다.

존중과 인정의 공통점과 차이점

구분	공통점	차이점	예시
존중	상대에 대한 긍정 표현	존재 자체에 대한 긍정 표현	나는 그 자체를 존중한다
인정		어떤 존재가 가진 매력이나 능력에 대한 긍정 표현	나는 그가 가진 능력을 인정한다

존중과 인정 모두 다 사람과 사람 관계에서 매우 중요한 핵심 용어이며 상대에 대한 긍정 표현이라는 데서 공통점을 가지고 있다. 약간의 차이가 있다면 존중은 '존재 자체에 대한 긍정 표현'을 의미하지만, 인정은 '어떤 존재가 가진 매력이나 능력에 대한 긍정 표현'이라는 점이다. 인간관계에서는 상대가 누구라도 존중의 마음과 행동이 기본이 되어야 한다. 예를 들면 처음 보는 사람에게도 인사를 하는 것이 당연한 에티켓인 것처럼 말이다. 인정은 존중에서 한 단계 더 나아간다. 사람이 모여 집단을 이룬 사회에서는 항상 일이 존재하고 일을 잘하는 것이 중요하다. 인정은 어떤 일이 있을 때 그 일을 잘 해내는 매력이나 능력에 관한 것이다. 결론적으로 인간관계에서

상대가 누구든 상대를 존중해야 하지만 인정은 상황에 따라 그럴 수도 있고 그렇지 않을 수도 있는 것이다.

"인간관계에서 존중은 당연히 있어야 하는 것이지만, 인정은 할 수도 있고 하지 않을 수도 있다는 말씀이군요."

"그렇습니다. 존중하지 않으면 문제가 되지만, 인정하지 않는다고 해서 문제가 되는 건 아니지요."

"그렇다면 '나는 그 사람을 인정하지 않아!' 이런 식의 표현을 한다 해도 문제가 없나요?"

"좋은 질문입니다. 어떤 사람이 특정 상황이나 일에서 기대 수준에 미치지 못한다면 당연히 그런 생각을 가질 수 있습니다. 하지만 좀 전에 말씀하신 것처럼 표현하는 것에는 문제가 있습니다."

희석은 고개가 갸우뚱했다. 인정하지 않아도 문제가 되지 않는다는 말이 아리송하게 들렸다. 이를 알아챈 샤크 강사의 질문이 이어졌다.

"좀 전에 희석 님이 말씀하신 내용을 다시 한번 생각해볼까요? '나는 그 사람을 인정하지 않아!'라는 표현을 듣는 사람 입장에서 생각하면 어떤 느낌일까요?"

"음… 기분이 나쁠 것 같아요."

"왜 기분이 나쁠까요?"

희석은 잠시 생각에 잠겼다. 그러고는 이내 샤크 강사가 무슨 말을 하고자 하는지 이해할 수 있었다. 그것은 바로 '존재 자체'에 대한 부정적인 표현이었기 때문이다. 즉 상대를 존중하지 않은 표현인 것이다. 달리 말하면 상대는 그것이 자신의 인격을 무시하는 표현으로 들릴 수 있는 것이다.

"희석 님! 앞에서 말씀하신 '나는 그 사람을 인정하지 않아!'라는 표현을 다시 표현해보면 어떤 식으로 표현할 수 있을까요?"

희석은 샤크 강사의 질문에 곰곰이 생각해봤다.

"'나는 그 사람을 인정하지 않아' 대신… '나는 그가 이런 점을 보완하면 더 좋겠어'는 어떨까요?"

"네, 잘하셨어요. 인정에 관한 표현을 할 때는 항상 사람 자체가 아니라 특정 상황에서 문제가 되거나 보완되어야 하는 구체적인 내용을 중심으로 이야기해야 합니다. '그가 이런 점만 보완한다면 더 멋질 거야!'처럼요. 그렇지 않으면 상대는 자신이 무시당했다고 생각할 것이고 행동의 교정은 불가능해질 겁니다."

희석은 잠시 생각에 잠겼다.

"저는 우리 팀장에게 존중받고 있는 거겠죠?"

"그걸 저에게 물어보시면 안 되죠. 그건 희석 님만이 알 거라 생각합니다. 혹시 팀장님이 희석 님을 무시하고 있다는 느낌을 받은 적이 있나요?"

희석은 정말 판단하기 어려웠다. 평소 팀장이 자신에게 무관심하다는 느낌도 받았고 일할 때 인정받는 느낌도 들지 않았기 때문에 자신이 팀장에게 존중받는다는 확신을 갖기 어려웠다. 그렇다고 해서 무시당하고 있다는 확신도 들지 않았다.

"그건 좀 헷갈려요. 그런 것 같기도 하고, 그렇지 않은 것 같기도 하고요."

샤크 강사는 희석의 마음을 백분 이해하는 듯 고개를 끄덕이며 말했다.

"여기서 한 가지 주의할 점이 있어요. 내가 상대로부터 인정받지 못하고 있다고 해서 그것을 존중받지 못하고 있다는 식으로 해석할 필요는 없습니다. 인정받고자 하는 욕구가 강할수록 그것이 채워지지 않으면 반대급부로 자신이 존중받지 못하고 있다는 느낌을 가질 수 있어요. 분명히 말씀드리지만 존중과 인정은 차원이 좀 다른 이야기입니다."

"인정받고자 하는 마음이 클수록 자칫 무시당하고 있다는 느낌을 갖기 쉽다는 말씀으로 들리네요."

"네, 맞습니다. 굳이 상황을 확대해석할 필요는 없는 거죠. 인정받고 싶다면 인정에 대해서만 생각하시면 됩니다. 상대가 나를 대놓고 무시하지 않는 한 말이죠. 그것 역시도 상대의 잘못이지 내 잘못이 아니기 때문에 사실 너무 괴로워하지 않아도 됩니다."

샤크 강사는 인간관계에 대해 매우 핵심적인 이야기를 짚었다. 존중과 인정은 구별할 필요가 있다. 인간 사회에서 존중은 내가 당연히 받아야 하는 권리다. 상대가 나를 무시한다면 그것은 상대의 인격이 문제인 것이지 결코 나의 잘못은 아닌 것이다. 혹여 나를 무시하는 사람을 만난다면 그것을 결코 나의 문제나 잘못으로 받아들여서는 안 된다. 또한 존중에 있어서 특히 중요한 것은 자존감이다. 자존감은 스스로를 존중하는 마음이다. 누가 나를 어떤 식으로 대하든 상관없이 계속 나를 존중하고 좋아하는 마음이다. 그렇기에 자존감이 강한 사람은 외풍에 결코 흔들리지 않는다.

이에 비해 인정은 자신의 노력 여하에 따라 인정을 받을 수도 있고 받을 수도 없는 것이다. 따라서 여기서는 내가 아니라 상대가 중요하다. 인정은 상대가 해주는 것이기 때문이다.

희석은 팀장에게 인정을 받으려면 어떻게 해야 하는지가 궁금해졌다.

"그렇다면 인정받기 위해서는 어떤 노력을 해야 하죠?"

"중요한 지적을 해주셨습니다. 중요한 것은 노력의 방향이죠. 노력했는데 원하는 것을 얻을 수 없다면 그 방향에 문제가 있는 것입니다. 정답은 항상 주변에 있습니다. 팀에서 팀장으로부터 인정받는 사람이 있지 않나요? 그 사람은 어떤 노력을 하고 있을까요?"

그렇게 희석에게 또 하나의 숙제가 주어지며 샤크 강사와의 세 번째 만남이 끝났다.

물고기를 낚으려면
물고기의 생각을 읽어라

"희석! 혹시 낚시 좋아하나? 이번 회사 창립 기념일에 낚시 동호회 모임이 있는데 같이 안 갈래?"

변 차장이었다. 예전과 달리 최근 변 차장은 희석에게 부쩍 부드러워졌다. 희석이 변 차장을 자신을 괴롭히는 전생의 '웬수'가 아닌 손님으로 받아들이면서 나타난 변화다. 그렇다면 희석은 손님으로 변 차장을 어떻게 대한 걸까?

첫째, 희석은 변 차장을 만나면 먼저 다가가 인사를 건넸다. 이전에는 만나도 본체만체 슬슬 피하며 근처에 다가가지도 않았던 희석에게는 상상할 수도 없는 변화였다. 인사는 상대에게 '나는 당신에게 적의가 없습니다'를 알려주는 가장 효과적인 신호다. 상대의 마음에 존재할 수 있는 벽을 순식간에 허물어버린다. 둘째, 회의할 때 변 차장이 의견을 말하면 긍정적인 리액션을 아끼지 않았다. 고개를 끄덕거리며 그의 생각을 존중해준 것이다. 이전에는 그의 의견에 딴청을 부리기 일쑤였는데 마음을 고치니 태도도 달라진 것이다. 신기한 것은 희석이 변 차장의 의견에 고개를 끄덕거려주면서 변 차장이 자신의 생각을 강요하거나 고집부리는 일이 조금씩 줄어들었다는 점이다. 마지막으로 변 차장의 좋은 점을 일부러 찾아보고 기회가 될 때마다 자연스럽게 하나씩 알려주었다. 생전 후배들에게 칭찬이라고는 들어본 적이 없던 변 차장은 희석의 칭찬에 "내가 살다가 이런 이야기를 다 들어보네" 하며 어쩔 줄 몰라 했다.

희석은 지금까지의 인생에서 누군가와의 관계 개선을 위해 이렇게 노력해본 적이 없었다. 특히 자신에게 못되게 구는 '웬수' 같은 상대에 대해서는 관계를 끊어버리는 일은 많았어도 먼저 다가가거나 호의를 베푸는 일은 자존심을 굽히는 일이라 생각했다. 이런 희석을 주변 사람들도 너무 잘 알기에 희석의 달라진 모습을 보며 희석이 드디어 변 차장에게 줄을 섰다는 뒷말이 돌기도 했다.

희석은 자신도 자신이지만 자신을 대하는 변 차장의 모습이 달라진 것도 신기하기만 했다. 사람이 어찌 이리도 쉽게 변화할 수 있단 말인가? 희석은 요즘 자신과 변 차장의 관계에서 나타난 동시다발적 변화가 낯설고 어색하기만 하다.

"차장님! 제안은 너무 감사한데 제가 배멀미를 좀 심하게 해서요."

희석은 변 차장의 마음이 상하지 않도록 완곡하게 거절을 했다. 예전 같으면 아마도 들은 척 하지도 않거나 아니면 이렇게 대답했을 것이다.

'차장님! 제가 왜요?'

아무튼 희석은 기분 나쁘지 않게 완곡한 거절을 했고, 변 차장 역시도 이를 편하게 받아들였다.

"그렇구나! 혹시 몰라 물어봤어. 이번에 아주 좋은 데로 가거든. 마음 바뀌면 알려줘."

희석은 마음 바뀔 일은 없을 거라 생각했다. 무엇보다도 지루한 낚시가 적성에 맞지 않았다. 더구나 황금 같은 휴일인데 군이 회사 사람들과 함께 보낼 이유도 없었다. 다시 책상 위 모니터로 시선을 돌려 일을 시작하려는 순간 머릿속이 번뜩였다. 맞아! 변 차장! 팀장에게 가장 인정받는 사람이 변 차장이 아닌가? 그의 노하우를 배울 수 있다면 그만큼 좋은 일은 없을 것이다. 하지만 희석에게 변 차장은 여전히 변 차장이다. 전에 비해 관계가 많이 부드러워지긴 했지만… 아직 친하다고는 절대 말할 수 없는 관계다. 고민 끝에 희석은 변화를 선택하기로 했다. 불편하더라도 변 차장과 시간을 보내보기로 결심한 것이다. 희석은 동참하겠다는 문자 메시지를 변 차장에게 살짝 보냈다. 그런데 이럴 수가. 문자를 확인한 변 차장이 사무실에서 큰소리를 질렀다. 마치 사무실에 있는 다른 팀원들이 들으라는 듯 말이다.

"오호~ 희석, 좋았어!"

여기까지만 해도 괜찮았을 텐데, 심지어 팀 주례회의가 끝날 무렵에 전체 팀원에게 공지사항으로 알려버리고 말았다.

"금번 창립 기념일 때 우리 회사의 낚시 동호회인 '닥치고 낚시'에서 서해안으로 당일치기 낚시를 가게 되었어요. 혹시 참여하고자 하는 의사가 있는 분들은 저에게 알려주시기 바랍니다. 참고로 희석 님도 참가 예정입니다."

변 차장이 눈치 없는 거는 정말 알아줄 만하다. 이렇게 팀 회의 시간에 대놓고 공지해버리는 바람에 희석이 변 차장을 따라 낚시 간다는 사실을 팀원 모두가 알게 되어 버렸다. 희석은 괜스레 얼굴이 벌게진 채 고개조차 들 수가 없었다. 변화는 항상 민망함을 동반한다.

변 차장은 낚시광이다. 그에게 일 다음으로 중요한 일은 아마도 낚시가 아닌가 싶을 정도로 말이다. 낚시에 대한 애정이 너무 큰 나머지 사내 동호회 '닥치고 낚시'의 창립 멤버이자 회장까지 맡고 있다. 마침내 약속한 날이 다가왔고, 변 차장이 익숙하게 낚시 준비를 하는 동안 희석은 서툴지만 열심히 따라 준비를 했다. 부산스럽게 준비를 마치고 낚싯대를 앞에 두고 앉아 있자니 평화로우면서도 뭔가 심심했다.

"차장님! 차장님은 낚시를 왜 좋아하세요?"

"그냥 좋아하는 거지. 좋아하는 데 다른 이유가 있나?"

순간 낚싯대를 쥐고 있는 변 차장의 손놀림이 휘리릭 움직였다. 히트! 노련하게 낚싯대를 위로 들었다 아래로 놨다 하면서 물고기와의 팽팽한 기싸움! 얼마 후 약속이라도 한 듯 수면 위로 물고기 한 마리가 튀어 올라왔다. 희석은 눈이 동그래져서 그 모습을 봤다.

"와우, 우럭이다! 오늘은 시작이 아주 좋구먼!"

희석은 변 차장에게 하이파이브를 건네며 말했다.

"낚시꾼들은 손맛을 잊지 못한다던데… 차장님도 손맛 때문에 낚시를 좋아하는 거죠? 손바닥에 느껴지는 묵직함 같은 거?"

"뭐 그럴 수도 있겠지. 그런데 그게 전부라고 할 수는 없어. 굳이 말하자면 보이지 않는 미지의 세상에서 보이는 뭔가를 묵직하게 건져내는 짜릿함이 아닐까 싶어. 눈에 보이는 뻔한 것은 재미가 없잖아, 안 그래?"

희석은 한 시간째 미동조차 없는 자신의 낚싯대를 물끄러미 바라보았다.

"솔직히 낚시는 운빨 아닌가요? 물속을 들여다볼 수 있는 것도 아니고. 물고기가 어디에 있는지 알 수도 없고…."

변 차장은 어이없는 표정을 지으며 잠시 낚싯대를 내려놓았다. 그러고는 희석에게 몸을 기울이며 속삭였다.

"너 어디 가서 절대 그런 얘기 하고 다니면 안 돼. 프로 낚시꾼이 들으면 뒷목 잡을 일이야. 한 대 맞을 수도 있어. 낚시는 과학이야. 보이지 않는 세상을 연구하는 과학! 알겠어?"

"에이~ 낚시하는 데 무슨 연구가 필요해요? 완전 운빨이지."

믿지 못하는 희석의 말투에 변 차장은 슬슬 약이 올랐다. 답답한 듯 가슴을 두세 차례 두드렸다.

"어휴~ 초짜가 뭘 알겠냐? 낚시를 운이라고 생각하는 사람은 절대 낚시를 잘할 수 없어. 너 혹시 '물아일체'라는 말 알지?"

"물아일체요? 그건…."

순간 변 차장이 희석의 말을 끊고 말했다.

"물아일체는 물고기의 생각과 내 생각이 하나가 된다는 뜻이야."

희석은 변 차장의 아재개그에 피식 웃음이 나왔다. 변 차장도 스스로 말하면서 민망했는지 괜히 큼큼거렸다. 한편으로 이런 썰렁한 유머 감각의 소유자가 어떻게 팀장에게 인정받고 있는지 희석은 참 의아했다.

"차장님! 저니까 듣는 겁니다. 어디 가서 그런 말씀하시면 매장됩니다. 낚시는 과학이라면서요?"

"그래도 잠잘 때 생각나서 웃게 될걸? 크큭. 아무튼 물고기를 낚으려면 물고기의 생각을 알아야 한다는 말이 있어. 물고기마다 물때, 염도, 활동 시간, 미끼, 포인트, 수온 등 선호하는 게 모두 다르거든."

"물고기의 생각을 알아야 한다고요? 예를 들면요?"

"예를 들면 우럭은 15도 정도의 수온을 가장 좋아하지. 게다가 게으르기까지 해서 항상 15도 수온의 물속에서만 머무르려 하고 먹이도 그곳에서만 해결하려 하지. 그래서 우럭을 잡으려면 항상 수온을 생각해야 해. 내가 우럭이다 생각하면 우럭에게 가까워질 수 있어. 날씨가 춥다고 느껴지면 수심이 깊은 곳으로 들어가는 우럭을 생각하지. 반대로 날씨가 따뜻하게 느껴지면 데워진 수면으로 올라오는 우럭을 생각하는 식으로 말이야…."

변 차장의 설명이 한참 동안 이어졌다. 희석은 문득 세상의 모든 이치가 그렇지 않을까 생각했다. 뭔가를 얻으려면 그것에 대해 연구하고 많이 알아야 한다. 그리고 연구하고 많이 알수록 많이 얻을 수 있게 된다.

변 차장에겐
뭔가 특별한 것이 있다

"차장님은 어떻게 그렇게 윗분들과 잘 지낼 수 있어요?"

낚시를 모두 마치고 저녁 시간에 뒤풀이가 열렸다. 왁자지껄한 분위기에 서로의 말이 잘 들리지 않았다. 변 차장은 희석의 질문을 잘 듣지 못했는지 귀에 손을 갖다 대며 물었다.

"뭐라고?"

희석은 좀 난처한 듯 주변을 둘러보았다. 사실 낚시를 할 때부터 호시탐탐 이 질문을 할 기회를 보고 있었다. 이 질문에 대한 답변을 얻는 것이 희석이 낚시를 따라나선 목적이었기 때문이다. 그런데 낚시 분위기와도 안 맞고 낚시를 따라나선 속내를 들키는 것 같아서 계속 미뤄 뒀던 질문이다. 뒤풀이로 자연스러운 대화가 가능해진 지금을 놓치면 더 이상 기회가 없을 것 같아 질문을 했는데 변 차장이 한

번에 알아듣지 못한 것이다. 희석은 다시 주위를 둘러보았다. 다행히도 저마다 주변 사람들과 이야기를 하느라 정신이 없다. 목소리 톤을 조금 높여 변 차장의 귀에 대고 다시 물었다.

"어떻게 그렇게 윗분들과 잘 지낼 수 있냐고요!"

변 차장은 고개를 돌려 희석을 바라보았다. 일단 질문은 알아들은 분위기다. 희석은 막상 질문을 던지긴 했지만 어떤 답변이 나올지 조마조마했다. 낚시를 따라나선 자신의 의도가 들킬까 봐 걱정도 앞섰다. 하지만 변 차장은 다행히도 덤덤하게 질문을 잘 받아주었다.

"글쎄. 내가 그런가? 어떤 근거로 그렇게 생각하지?"

"에이~ 우리 팀에서 그걸 모르는 사람이 어딨어요."

확실히 변 차장은 팀장에게 가장 인정받는 팀원이다. 그런데 그뿐만이 아니다. 변 차장은 회사에 입사해서 단 한 번도 윗사람의 눈 밖에 나본 적이 없는 사람이다. 윗사람에게 맞추는 데는 천부적인 재능을 타고난 듯하다. 항상 윗사람 중심으로 조직 생활을 해서 주변 사람들로부터 줏대 없는 인간으로 불리기도 한다. 그런데 한편으로 특이한 현상은 후배 팀원들이 평소에는 이를 갈다가도 변 차장과 일하는 것을 마냥 싫어하지는 않는다는 점이다. 변 차장과 함께 일을 하면 일이 너무나 쉬워지기 때문이다.

대표적인 예로 변 차장은 결재를 너무 쉽게 받아온다. 조직에서 일할 때 가장 힘든 일 중의 하나가 윗사람의 컨펌, 결재를 받는 일이라는 사실을 다들 알 것이다. 결재가 차일피일 늦어지는 과정에서 얻는 고통은 상상을 초월한다. 까탈스러운 상사를 만나면 같은 보고서를 수십 번 고쳐 써야 하는 일도 비일비재하다. 하지만 변 차장과 함께 일하면 그런 일은 없다. 아무리 어려운 보고도 한 번에 오케이 되는 경우가 대부분이고 많이 가봐야 두 번이다. 결재 받는 속도가 너무나도 빨라《삼국지》에서 "술잔이 식기 전에 돌아오겠소!" 하면서 화웅의 목을 베러 나간 관우가 연상이 될 정도였다. 이렇게 빠른 결재를 받을 수 있다 보니 업무 스트레스도 적고 일의 진행 속도도 빨라서 그만큼 좋은 성과를 낼 수 있는 가능성도 높아진다. 변 차장은 윗사람을 제외한 모두에게 사실 밉상이긴 하지만 그의 이러한 능력만큼은 확실히 인정을 받고 있었다. 워낙에 결재를 받는 능력이 탁월하다 보니 항간에는 그가 회사 오너의 먼 친척이라는 말도 있고 유력한 정치인의 아들이라는 뒷소문도 있고, 심지어 그가 윗사람의 약점을 잘 알고 있기 때문이라는 설화도 있었다. 아무튼 직원들은 그가 가진 비밀을 몹시 궁금해했다.

"차장님께서는 어떻게 그렇게 윗분들의 결재를 잘 받으세요?"

"결재? 그거야 당연히 잘 받아야 하는 거 아닌가? 그걸 잘 못 받는 게 정상이 아니지!"

희석은 변 차장의 답변에 살짝 빈정이 상했다. 아니, 화가 치밀어 올랐다. 결재를 잘 못 받는 게 정상이 아니라니! 하마터면 '그럼, 제가 비정상이라는 얘긴가요?'라고 따질 뻔했다. 한편으로는 변 차장이 자신만의 비법을 별로 말하고 싶지 않은 듯 보였다. 하지만 희석은 어렵사리 대화의 물꼬를 튼 김에 그의 비밀을 꼭 알고 싶었다. 이 질문에 대한 답변을 들으려고 관심없는 낚시까지 따라나선 것 아닌가? 더구나 황금 같은 휴일에 말이다. 오늘이 아니면 안 된다. 오늘이 마지막 기회다. 간, 쓸개 다 내려놓고 아무렇지도 않은 듯 대화를 이어나갔다.

"차장님께서는 그렇게 생각하실지 몰라도 그게 잘 안 된다는 거 아시잖아요. 저 같은 입장에서는 더더욱 그렇고요. 정말 알고 싶어요. 어떻게 하면 결재를 잘 받을 수 있나요?"

"글쎄… 내가 뭘 특별히 하는 건 없는데?"

변 차장은 진짜 자기도 모르는 듯 뜸을 들었다. 아니면 뭔가 특별한 것이 있기는 한데 그것에 너무 익숙해진 나머지 스스로 그것이 뭔지 모르는 것인지도 모른다. 골똘히 생각에 잠긴 변 차장이 갑자기 뭔가 떠오른 듯 입을 떼려는 찰나! 이때 사회자로 보이는 누군가가 갑자기 '주목! 주목!' 하며 큰소리로 주의를 집중시켰다. 그는 한 손으로는 소주잔을, 그리고 다른 한 손으로는 소주병을 들고 있었다.

"자자~ 오늘 이쯤 해서 오늘의 뒤풀이를 마무리할까 합니다. 마지막으로 우리 '닭치고 낚시'의 회장님이신 변 차장님의 인사 말씀을 듣도록 하겠습니다."

변 차장은 사회자의 재촉에 못 이겨 희석과의 대화를 제대로 마무리 짓지도 못하고 자리에서 일어났다. 한창 대화가 무르익는 상황이었기에 희석은 몹시 아쉬웠다. 사회자가 원망스러웠다. 애써 낚시까지 따라왔는데 소득 없이 돌아가야 하는 상황이 야속하기만 했다. 그렇게 허탈하게 변 차장과 함께 보낸 휴일이 끝났다.

다음 날 아침. 희석은 출근하여 자리에 앉아 컴퓨터를 켜려고 하는데 등 뒤에서 익숙한 소리가 들렸다. 카랑카랑한 톤에 빈정거리는 듯한 말투가 담긴 목소리, 다름 아닌 변 차장이다.

"야! 희석, 어제 잘 들어갔어?"

그의 말투는 여전하지만, 뭔가 미세하게 바뀐 듯 희석에게는 예전처럼 마냥 기분 나쁘게 들리지는 않는다.

"휴우~ 말도 마세요. 집에 들어가 씻지도 못하고 곯아떨어졌어요. 내가 미쳤지. 다시는 낚시 가지 말아야지. 에구에구."

희석은 엄살 섞인 목소리로 말했다.

"네가 아직 낚시의 참맛을 몰라서 그래. 금세 또 가고 싶어질걸?"

변 차장의 목소리에는 약간의 미안함이 묻어 있었다.

"제가 또 거길 간다고요? 과연 그런 일이 있을까요?"

"이거 마셔! 그럴 줄 알고 가져왔어."

변 차장은 손에 들고 있던 커피를 건넸다. 희석을 위해 특별히 사온 것이다. 전에는 상상도 할 수 없는 변 차장의 모습이다. 아마 휴일임에도 불구하고 자신이 회장으로 있는 모임에 참여해준 희석이 고맙기도 하고 미안하기도 하고 그랬던 모양이다. 희석 역시도 이제는 변 차장이 많이 편해졌고 그의 호의도 예전처럼 어색하게 느껴지지 않았다. 이 세상에 알고 보면 나쁜 사람은 없다. 모르면 모르는 만큼 불필요한 오해도 많아진다. 하지만 막상 만나서 대화하고 보면 모두 나와 똑같은 인간인 것이다. 오해가 있었던 일도 알고 보면 다들 이해할 만한 사정이 있다.

팀장에게 인정받는
팀원은 누구인가

"그나저나 어제 우리 못 다한 이야기가 있지? 본격적으로 얘기해 볼까?"

변 차장은 어제 뒤풀이가 급하게 마무리되는 바람에 희석과 대화를 채 마무리하지 못했던 것이 마음에 걸렸던 모양이다. 손 글씨로 또박또박 뭔가가 적혀 있는 포스트잇을 희석에게 내밀었다. 그리고 옆에 있는 의자를 끌어 희석의 곁에 앉았다.

"이게 뭐예요?"

희석은 어리둥절하게 변 차장을 쳐다보았다.

"이건 말이야. 당신의 회사 생활 내공을 한번 파악하기 위한 질문이야. 여기에 다섯 명의 팀원이 있어. 이 가운데 팀장에게 가장 인정받는 팀원은 누구일까? 한번 맞혀 봐!"

이 가운데 팀장에게 가장 인정받는 팀원은?

1. 맨날 팀장에게 호출 받는 팀원
2. 팀장에게 가끔 칭찬을 받는 팀원
3. 팀장에게 맨날 불려가 깨지는 팀원
4. 팀 회식할 때 분위기 메이커 팀원
5. 묵묵히 자기 일을 열심히 하는 팀원

희석은 내용을 찬찬히 읽어보았다. 그러고는 피식 웃었다. 너무 쉬웠다. 세상에 이런 것도 모르는 사람이 있을까?

"참나! 절 너무 무시하는 거 아녜요? 당연히 1번이죠. 가장 인정받는 사람은 늘 팀장 가까이에 있어요. 팀장이 가장 자주 부르는 사람이기도 하고요."

변 차장은 의미심장한 미소를 지었다.

"정답이야! 시작이 아주 좋군. 첫 번째 관문은 잘 통과했어. 사실 첫 번째 관문은 맛보기에 불과해. 이거 못 맞히면 어쩌나 사실 조마조마 했다. 일단 기본은 된 것 같고. 자! 퀴즈는 지금부터 시작이야."

변 차장은 1번을 볼펜으로 쫙쫙 그었다. 그리고 다시 질문을 이어나갔다.

"자, 그러면 이제 남은 네 가지 유형의 팀원 가운데 팀장으로부터 가장 인정받는 팀원은 누구일까?"

변 차장의 이번 질문은 결코 쉽지가 않았다. 희석은 한참 동안 고민을 했다.

"이건 좀 어렵네요. 다들 비슷비슷해 보여서 맞히기가 쉽지 않은데. 혹시 2번인가요?"

변 차장은 고개를 좌우로 저었다. 그것을 선택할 줄 알았다는 표정을 지으면서.

"2번이라고 생각하기 쉽지. 팀장에게 칭찬을 받기 때문에 인정받는 팀원이라 생각하기 쉬운데 여기에 허점이 있어. '가끔'이라는 단어가 바로 그거야! 가끔 칭찬받는 팀원! 잘 생각해봐! 이게 무슨 말일까?"

"음… 팀장과 자주 만날 일이 없다는 것처럼 들리기도 하네요."

"그렇지! 팀장이 가끔 만나는 팀원에게 무슨 말을 하겠어? 덕담 정도나 하겠지!"

변 차장은 장난 섞인 표정을 지으며 희석의 다음 답변을 기다렸다.

"아! 내가 왜 이걸 빼먹었지? 당연히 5번이겠네요. '묵묵히 자기 일을 열심히 하는 직원'."

"왜 그렇게 생각하지?"

"묵묵히 자기 일을 열심히 하니까 인정받을 수밖에 없겠죠? 그렇지 않나요?"

변 차장은 의미심장한 미소를 지으며 말했다. 그의 미소 짓는 입술 사이로 금니가 유난히 반짝여보였다.

"음… 그렇게 생각할 수 있지. 그래서 희석 씨는 인정받고 있어?"

변 차장의 말을 듣는 순간 희석은 머리가 땅해지는 것을 느꼈다. 누구와 비교하기는 그렇지만 열심히 일하기로는 희석도 못지않았다. 사실 회사원치고 스스로 열심히 일하지 않는다고 생각하는 사람은 아마도 없을 것이다. 나름 다들 애를 쓰며 일한다. 스스로 열심히 일하고 있다고 생각하는데 그만큼 인정받지 못하는 것이어서 문제가 되는 것이다. 결국 열심히 일하는 것이 능사가 아니라는 말이다.

희석은 문득 얼마 전 있었던 속상한 일이 떠올랐다. 모처럼 열린 팀 회식 자리였다. 요즘은 팀 회식을 예전만큼 자주 하지 못한다. 그래서 그런지 이제는 팀 회식이 어쩌다 한 번씩 열리면 왠지 설레는 마음이 들 정도다. 오랜만에 열린 팀 회식에서 희석은 우연히 팀장 바로 옆자리에 앉게 되었다. 회식 장소에 살짝 늦게 도착했더니 남은 자리가 그곳 하나였다.

'아, 오늘 운이 지지리도 없구먼. 왜 하필 팀장 옆자리야.'

전에도 팀장 옆자리에서 식사를 했다가 소화가 잘 안 돼서 고생한 적이 있었다. 불편한 마음을 숨기고 자리에 앉았더니 팀장이 희석에게 소주를 한 잔 따라주며 충격적인 말을 건넸다.

"희석! 오랜만이네. 요즘 무슨 일 하지?"

희석은 뭐라고 대답해야 할지 말을 잃었다. 이게 말이 되는가? 팀장이 자기 팀원에게 한다는 말이 "오랜만이네. 요즘 무슨 일 하지?"라고? 그렇다면 팀장은 여태 희석이 무슨 일을 하고 있는지 알지도 못하고 있었단 말이 아닌가? 인간관계에서 미움보다 안 좋은 관계는 무(無)관계라고 한다. 미워서 싸우다 보면 정이라도 생겨서 미운 정이라는 말도 있는데…. 이날 팀장의 말 한마디로 희석은 팀장과 자신의 관계 수준을 정의할 수 있었다. 그것은 '무관계'였다. 희석은 마음속에 약간 팀장에 대한 배신감도 생겼다. 그리고 팀장한테 인정받기란 이미 틀린 일이라고 결론 내렸다.

갑자기 그 충격적인 말이 떠오르는 건 왜일까. 만약 누군가 이 말을 제3자적 관점에서 듣는다면 별거 아닌 이야기로 들릴 수도 있고, 경우에 따라서는 일종의 관심의 표현으로 들릴 수도 있다. 하지만 희석의 입장에서는 곱씹어볼수록 충격적인, 너무 안 좋은 말임에 틀림없다.

"이것 봐! 희석, 문제 풀다가 지금 무슨 생각을 하고 있는 거야?"

변 차장은 손바닥을 희석의 눈앞에 왔다 갔다 흔들며 말했다. 희석은 순간 너무 깊이 생각에 빠져 변 차장의 앞선 질문에 답하지 못하고 있었던 것이다.

"아! 죄송해요. 제가 잠깐 딴 생각이 들어서요. 다시 생각해보니 5번 유형은 좀 곤란하겠네요."

"그래? 왜 그렇게 생각하지?"

"그냥 말씀 듣고 제 자신의 모습이 떠올려보니 그렇네요. 일을 열심히 하는 것은 좋은데 묵묵히 열심히 하는 것은 팀장과의 관계에서 그리 좋은 모습은 아닌 것 같아요."

"그런 생각이 드는 이유는 뭘까? 좀 자세히 설명해줄 수 있겠어?"

변 차장과 희석의 대화가 점점 깊어지고 있다. 희석은 변 차장 앞에서 이처럼 깊은 속내를 자연스럽게 털어놓는 자신의 모습이 신기하게 느껴졌다.

"일이라는 것이 저 혼자 하는 게 아니잖아요. 무엇보다 팀장의 의사결정도 받아야 하고. 윗사람과 계속적인 상호작용을 하지 않으면 일이 진행이 안 되니까요."

"빙고! 맞았어. 이제 답을 찾을 수 있겠네?"

"네. 먼저 팀장에게 가장 인정받는 팀원은 일단 1번 유형이죠."

"그렇지! 1번 유형, 팀장이 자주 호출하는 유형! 그건 우리가 아까 이미 얘기했던 거고. 그렇다면 그다음으로 인정받는 팀원은?"

"혹시 3번 유형인가요? 팀장에게 맨날 불려가 깨지는 팀원!"

"빙고! 정답이야!"

변 차장은 손바닥을 내밀며 하이파이브를 했다. 팀장에게 맨날 불려가 깨지는 팀원이 인정받는 팀원이 될 수 있다는 것은 무엇을 의미할까? 그것은 그가 팀장과 평소 자주 만나고 있다는 것을 의미한다. 뭔가 팀장이 중요하게 생각하는 일을 하고 있기 때문에 자주 만나는 것이다. 결국 누군가에게 인정받는 데서 중요한 것은 칭찬도 아니고 지적도 아니다. 바로 '소통 빈도'다. 인정받고자 하는 대상과 소통을 얼마나 자주 하느냐가 승부처인 것이다.

"희석, 그러면 이 다섯 가지 팀원 유형 가운에 나는 어떤 유형일 것 같아?"

희석은 변 차장의 질문에 군이 답을 하지 않았다. 변 차장 역시도 답을 듣고 싶은 생각이 없었다. 서로 이심전심 마음이 통했기 때문이다. 희석은 비로소 변 차장의 비밀을 알 수 있었다. 변 차장은 분명 1번 유형이다. 누구보다도 팀장이 자주 호출한다. 그렇기에 팀장과 누구보다도 자주 소통하는 사람이다. 동시에 변 차장은 3번 유형이기도 하다. 팀장의 호출을 자주 받고 팀에서 누구보다도 팀장과 소통을 많이 하지만 동시에 야단을 가장 많이 듣는 사람인 것이다. 물론 좋은 소리도 많이 듣지만 싫은 소리도 그에 못지않게 듣는다.

이런 윗사람과의 관계에서 변 차장의 강점은 싫은 소리를 중화시키는 능력이다. 상대가 뭐라고 해도 절대 상대의 감정까지 받아들이지 않는다. 그는 일 자체에 집중한다. 쉽게 말해 상대의 싫은 소리에서 감정과 내용을 분리한다. 그리고 감정은 버리고 내용만 취하는 스타일이다. 그렇다 보니 남들보다 싫은 소리에 대한 내성이 강하다. 이는 앞에서 샤크 강사가 했던 말과 유사한 점이 있다. 변 차장은 윗사람으로부터 자신이 인정받고 있는지 그렇지 않은지는 따지지 않는다. 그렇기 때문에 상대가 뭐라고 해도 상처받지 않는 것이다. 그는 오로지 일에 집중할 뿐이다. 그래서 그는 싫은 소리를 들으면서도 끊임없이 팀장과 소통을 이어나간다. 또 그렇게 소통을 하다 보니 팀장의 고민이나 생각을 가장 많이 아는 사람이 된다. 결과적으로 일을 잘할 수 있게 되고 계속적으로 윗사람과 함께 일할 수 있는 기회를 더 많이 갖게 되는 선순환이 일어나게 된다.

"내가 참교육 하나 할게. 윗사람과 잘 지내는 방법은 다른 거 없어. 그냥 자주 다가가서 이야기하는 거야. 다시 말하면 소통 빈도를 늘리는 거지. 물론 좀 불편하겠지. 싫은 소리도 더 많이 들을 거야. 하지만 그것을 두려워해서는 안 돼. 대개 사람들은 윗사람을 만나는 걸 불편해하고 싫은 소리를 들을까 봐 소통 기회를 스스로 차단해버리는 일들이 많지. 그러면 윗사람도 나를 찾지 않게 돼. 자연스레 조직에서 존재감이 없어지는 거지. 뭘 하는지도 모르게 되고."

희석은 변 차장이 하는 말이 폐부를 콕콕 찔렀다. 특히 '뭘 하는지도 모르게 되고'라는 말은 마치 들으라고 하는 말처럼 느껴졌다.

"참, 우리 팀장님이 입버릇처럼 '원점에서 재검토'라는 말을 자주 하시잖아요. 같은 맥락에서 이해해도 될까요?"

"물론이지! 너 말 잘했다. 불편해서 다가가지 않으면 결국 손해 보는 사람은 본인일 수밖에 없어. '원점에서 재검토' 현상이 왜 일어나는 줄 알아? 다가가지 않아서 나타나는 현상이야. 소통 빈도가 낮으니 상대의 생각을 알 수가 없게 되고 결과적으로 엉뚱한 곳에 만리장성을 쌓는 일이 생기고 마는 거야. 자신의 생각을 명확히 표현하지 않는 팀장님의 잘못일 수도 있지만, 그에 못지않게 다가가지 않는 사람의 몫도 크다고 생각해. 자주 부딪혀야 돼! 그래야만 일할 때 원점에서 재검토하는 황당한 꼴을 당하지 않게 되는 거야."

사람들은 일이 힘드니까 관계에서만큼은 편해져야 한다는 생각을 많이 한다. 그런데 그것은 가족이나 친구를 만날 때나 쓸 수 있는 애

기다. 비즈니스 세계에서는 절대 그렇지 않다. 대표적인 예로 물건을 파는 영업사원을 생각해보면 된다. 생전 처음 보는 사람에게 다가가 물건을 팔아야 한다. 목마른 사람이 우물을 판다고 했다. 아쉬운 사람이 먼저 다가가야 하는 것이다. 회사에서도 마찬가지다.

"솔직히 회사에서 동기나 또래들을 자주 만나봐야 별 볼 일 없어. 뭐, 마음은 편하겠지. 하지만 그게 다야. 일을 제대로 하려면 낯설고 불편한 사람에게 먼저 다가가야 하는 거야. 깔끔하게 인정받는 것을 포기한다면 그냥 다가가지 않으면 돼. 하지만 다가가지 않으면서 인정해주지 않는다고 불평한다면 이건 난센스 아닐까? 물고기를 낚으려면 물속에 낚싯대를 던져야지! 그리고 물속 환경을 연구하고 물고기의 입장에서 생각할 수 있어야겠지. 때로는 그렇게 해도 아무런 소득이 없을 때도 있어. 하지만 그렇다고 해서 낚시꾼이 낚시를 그만두지 않아."

요즘 그의 가장 큰 고민은
무엇일까?

변 차장의 말을 듣고 보니 희석은 팀장이 자신을 찾지 않는 한 먼저 다가갔던 적이 거의 없었다는 것을 깨달았다.

"제가 먼저 다가가야 한다는 말씀인데, 다가가기 위해서 구체적으로 뭘 해야 하나요? 그냥 막 다가가면 되나요? 솔직히 제가 팀장님께 다가가기 힘든 건 일단 저의 문제일 수 있어요. 하지만 평소에 팀장님이 너무 바쁘시잖아요. 제가 다가가는 게 괜히 바쁜 분에게 방해되는 게 아닌가 하는 걱정도 있거든요."

"오케이. 무슨 고민인지 알겠어. 사실 나도 윗분들이 좀 바뀌어야 한다고 생각해. 직원들이 좀 편하게 다가올 수 있는 환경을 만들어줘야 하는데 솔직히 그런 사람이 별로 없거든. 윗사람이 먼저 직원들에게 다가와주면 얼마나 좋겠어? 좀 웃고 다니고, 칭찬도 하면서 말이야. 물론 본인도 심리적으로 여유가 없으니까 그렇겠지. 이해는 가면서도 그건 좀 아닌 것 같아."

희석은 갑자기 웃음이 터져나왔다. 속으로 '남 얘기 하고 있네! 자기도 똑같으면서' 하는 생각이 퍼뜩 들었기 때문이다.

"왜 웃는데?"

"그냥 웃겨서요. 차장님은 나중에 팀장 되면 그러지 마세요."

"갑자기 왜 내 얘기를 하고 그래? 은근히 비꼬는 것 같다. 확 그냥 가버릴까 보다."

변 차장은 살짝 빈정 상한 듯한 표정을 지으며 말했다. 희석은 이내 자리에서 일어서려는 시늉을 하는 변 차장의 팔을 잡고 만류하는 듯 말했다.

"에구, 죄송해요. 농담이에요, 농담. 암튼 계속 말씀해주세요. 그래서요?"

변 차장은 못 이기는 척 다시 자리에 앉으며 대답했다.

"암튼 먼저 한 가지 정리부터 하자고. 일단 윗분들에게 큰 기대를 하지 않는 게 좋아. 그가 스스로 바뀌지 않는 한 어쩔 도리가 없어. 그냥 내가 처한 하나의 환경이라고 생각하면 차라리 마음이 편해져."

변 차장의 말에 희석은 샤크 강사의 말이 떠올랐다. 비가 오면 우산을 써야지, 하늘을 탓해봐야 바뀌는 건 없다던 이야기. 힘든 상황에 있다면 자신이 어떤 상태에 있는지 객관적으로 살피고 이후 선택하는 사고와 행동이 중요하다는 점에서 둘은 통하는 바가 있었다. 변차장은 계속 말을 이어나갔다.

"무엇보다 코드를 맞추는 게 중요해. 그런데 이 말은 좀 오해가 있을 수 있으니 뜻을 정확히 이해할 필요가 있어. 코드를 맞춘다는 것을 윗사람의 지시나 생각을 떠받드는 것이라고 생각하기 쉬운데 그건 잘못된 거야. 코드를 맞추는 것은 윗사람의 고민과 나의 고민을 일치시키는 것이라고 생각하면 돼. 쉽게 말해 윗사람과 내가 함께 같은 고민을 하는 거지. 이게 바로 코드를 맞추는 거야. 일단 서로의 고민이 같은 상황이 되면 그때부터는 자연스럽게 대화가 이어질 수밖에 없어. 조직에서 위로 올라갈수록 외로워진다는 말 있잖아? 그 말이 맞아. 왜냐하면 주변에 자신의 고민을 함께 나눌 만한 사람이 없기 때문이야. 그 고민에 공감해주고 의견을 나눌 수 있는 사람만큼 고마운 사람이 있을까?"

희석은 순간 변 차장이 완전히 달라보였다. 아부하고 비위나 맞추면서 먹고사는 사람이라고 생각했는데 그는 그렇게 가볍고 단순한 사람이 아니었다.

"코드를 맞추려면 어떻게 해야 할까? 지금 당장 손쉽게 실천할 수 있는 것 한 가지를 알려줄게. 이거 진짜 중요한 팁이다."

희석의 귀에 변 차장의 말이 좀 더 크게 들리기 시작했다. 희석은 저도 모르게 몸을 변 차장 쪽으로 기울였다. 변 차장이 작게 말했다.

"바로 팀장님의 머릿속을 연구하는 거야."

변 차장은 책상 위의 이면지에 뭔가를 적어 넣었다.

변 차장은 희석에게 메모를 보여주면서 물었다.

"혹시 이 질문에 대해 답변을 할 수 있겠어?"

희석은 잠시 생각에 잠겼지만 별로 떠오르는 것이 없었다. 단 한 번도 그런 질문을 스스로에게 던져 본 적이 없었기 때문이다. 그리고 그런 질문을 한 번도 던져본 적이 없다는 사실 자체가 좀 놀랍기도 했다.

"네가 정말로 팀장님으로부터 인정받고 싶다면 최소한 1주일에 한 번 정도는 이 질문에 대한 답변을 해봐야지. 이 질문을 생각하는 시간과 비례해서 팀장과 소통하는 일이 많아질 거야. 소통 빈도가 높을수록 인정도 더 받을 수 있을 테고. 어때? 깔끔하지?"

희석은 비로소 깨달을 수 있었다. 자신이 왜 윗사람을 만나면 불편해지는지를. 그것은 바로 상대의 관심사를 잘 알지 못했기 때문이다. 상대의 관심사를 알지 못하니 만나면 할 이야기도 없고 대화 자체가 불편해지는 것이다. 물론 상대가 친절하게 나의 관심사를 알고 다가와주면 좋겠지만 바쁜 현실에서 그런 일은 잘 일어나지 않는다.

상대가 누구든 상대로부터 인정을 받으려면 상대의 머릿속으로 들어가야 한다. 물고기를 낚기 위해 물고기의 생각을 연구해야 하는 것처럼, 상대의 눈에 보이지 않는 생각을 알 수 있어야 한다. 여기서 상대는 조직에서 윗사람일 수도 있고 가정에서는 배우자나 자녀 또는 부모일 수도 있다. 일하면서 만나는 고객일 수도 있고 함께 일을 추진하는 협력 회사 직원일 수도 있다. 그 대상이 누구든 상대와 소통을 하려면 그의 관심사를 알아야만 한다.

"요즘 그의 가장 큰 고민은 무엇일까?"

희석은 저도 모르게 중얼거렸다. 그리고 생각할수록 이 질문이 상대와 나를 하나로 연결해주고, 이 질문에 대한 답변을 정확히 찾아낼 때 비로소 존중의 수준을 넘어 팀장으로부터 인정을 받을 수 있을 것 같다는 확신이 들었다.

"아, 변 차장님! 한 가지만 더 여쭤볼게요."

희석은 대화를 마치고 일어서려던 변 차장을 다시 불러 세웠다.

"왜 또?"

변 차장은 짜증 섞인 반응을 보였지만 싫지는 않은 표정이었다.

"죄송한데 진짜 궁금한 게 한 가지가 더 있어요. 팀장님의 질문에 어떻게 그렇게 대답을 잘하세요?"

희석이 변 차장에게 가장 부러웠던 것은 답변 능력이다. 윗분의 질문을 받으면 머릿속이 도화지처럼 하얘지는 자신과는 달리 그는 말 그대로 척척박사다. 어떤 질문에도 막힘없이 술술 자신의 생각을 풀어낸다. 마치 질문을 예상이라도 한 듯 말이 떨어지기가 무섭게 준비된 답변을 한다. 희석은 평소 이런 변 차장의 순발력이 많이 부러웠다. 자신은 도저히 그렇게 할 자신이 없기 때문이다.

"음… 너무 많은 걸 알려고 하는군. 이건 완전 영업비밀인데…."

그는 정말로 말하고 싶어 하지 않는 듯했다.

"그러지 말고 좀 알려주세요."

TMI의 진수인 평소의 변 차장답지 않은 모습이었다. 희석은 뜸

들이는 변 차장에게 답변을 졸랐다. 특히 영업비밀이라고 하니 그 내용이 더욱 궁금해졌다.

"진짜 영업비밀인데… 좋다! 오늘 선심 쓰는 김에 팍팍 풀지 뭐! 대신 이거 한 가지는 꼭 약속해줘. 딴 사람한테는 절대 말 안 하기! 비밀 준수!"

희석은 변 차장이 얼마나 대단한 걸 알려주려고 영업비밀이라고까지 하는지 감을 잡을 수 없었다. 별것도 아닌 내용 가지고 호들갑을 떤다는 생각도 들었다. 변 차장의 영업비밀이 무엇인지 호기심도 더 생겼다. 희석은 흔쾌히 새끼손가락을 들며 비밀 준수를 약속했다. 변 차장은 주위를 한번 살피고는 희석에게 바짝 다가가 작은 목소리로 살며시 말해주었다.

"그건 말이야. 솔직히 별거 없어. 미리 예상 질문을 노트에 적어보고 답변을 생각해보는 거야. 팀장님 마음속으로 들어가 무엇을 궁금해할까 생각해보고 답을 구해보는 거지. 이것만 하면 돼! 가끔 예상 질문에 벗어나는 질문을 받을 때가 있는데 그런 건 어쩌다 한 번이야. 대부분 예상에서 벗어나질 않아."

변 차장은 입술에 손가락을 대면서 비밀임을 다시 한번 강조했다. 그가 이렇게 비밀로 강조한 이유는 무엇일까? 내용이 특별해서? 아닐 것이다. 그는 윗분과의 관계에서 자신이 이렇게까지 애쓰고 있다는 사실을 주변 사람들에게 들키고 싶지 않았던 것이다. 그가 괜히 인정받는 게 아니었다.

인정을 받아야 하는
진짜 이유

샤크 강사와 샤크 카페에서 만난 희석은 변 차장과 낚시를 간 이 야기부터 자신이 무엇을 느꼈는지까지 죽 털어놓았다. 샤크 강사는 희석의 이야기를 집중해서 듣다가 질문 하나를 툭 던졌다.

"그런데 희석 님은 인정받고 싶은 이유가 무엇인가요?"

"네? 어떤 의미에서 그런 질문을 하시는지…."

"별 뜻은 없습니다. 유독 인정받고 싶은 욕구가 강한 듯 보여서요. 사실 요새 인정의 욕구를 가진 사람이 점점 줄어드는 추세이거든요."

"글쎄요… 인정받지 못하면 왠지 지는 것 같아요. 어차피 조직은 생존 경쟁의 장일 수밖에 없잖아요. 조직 생활이라는 게 동료에게든 상사에게든 늘 누군가에게 평가받는 상황이고요. 경쟁에서 밀린다 는 것은 결코 유쾌할 수 없는 일이죠. 연봉도 깎일 거고. 승진도 안 되고. 장기적으로 회사를 계속 다니기도 힘들고요."

"한마디로 경쟁에서 이기고 싶어서군요. 맞나요?"

"뭐, 그렇다고 볼 수 있겠죠."

대답은 했지만 희석은 목소리에 왠지 힘이 들어가지 않았다. 샤크 강사는 분위기를 놓치지 않고 말을 계속 이어나갔다.

"그런 생각이라면 희석 님이 인정을 받으면 다른 사람이 인정받지 못한다는 말로 들리는데… 맞습니까?"

"그건 어쩔 수 없는 일 아닐까요? 회사가 원래 그렇게 생겼잖아요. 이건 구조적인 문제라 생각이 되는데…."

희석은 말은 이렇게 했지만 자신의 의견에 확신이 없었다.

"만약 인정받고자 하는 이유를 단순히 인사고과를 잘 받기 위해서, 또는 경쟁에서 이기기 위해서 라고 한다면 좀 문제가 생길 수 있어요. 스스로를 동료와 끊임없이 비교하게 될 것입니다. 만약 나는 제대로 인정을 못 받는데 내 동료가 총애를 받는 상황이 된다면 기분이 어떨까요? 반대로 나는 인정을 받는데 내 동료는 전혀 그렇지 않는다면 어떨까요? 자칫 동료가 경쟁자나 적이 되어버리는 일이 생길 수 있습니다. 결코 바람직한 모습은 아니겠죠. 저는 인정받아야 하는 이유가 분명 다른 게 있다고 생각합니다."

"……."

희석은 잠시 동안 말을 잇지 못했다.

"잠시 화장실에 좀 다녀오겠습니다. 다녀와서 계속 이야기를 나누시죠. 인정받으면 무엇이 가장 좋은지를 생각해보시면 생각을 정리하는 데 도움이 될 겁니다."

샤크 강사는 희석이 이미 답을 알고 있다고 믿었다. 그리고 그 답을 스스로 찾아 말할 수 있기를 원했다. 샤크 강사가 잠시 자리를 비운 사이, 희석은 다시 변 차장을 떠올려보았다. 자신이 변 차장에게 가장 부러워하는 점이 무엇일까를 생각해보았다. 그러자 뭔가 떠오르기 시작했다. 희석은 샤크 강사가 자리에 앉자마자 정리된 생각을 쏟아냈다.

"내 뜻대로 일하고 싶어서요. 인정을 받으면 그만큼의 권한을 위임받게 될 테고, 내 뜻대로 할 수 있는 일이 많아지겠죠. 반면에 인정받지 못하면 내 뜻대로 할 수 있는 일이 없어져요. 늘 통제를 받아야 하는 상황이 되겠죠."

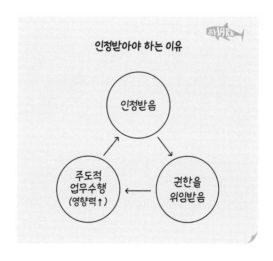

회사에서 인정받고자 하는 사람들은 저마다 이유를 가지고 있다. 가령 인정을 받아 높은 연봉을 받기 위해서라든지, 승진을 해서 높은 지위로 오르고 싶다든지 등과 같이 말이다. 하지만 그런 이유들보다도 인정받을 때 가장 좋아지는 것은 더 큰 영향력을 갖게 된다는 점이다. 조직에서 자신의 영향력이 커지면 그만큼 자신의 뜻을 자유롭게 펼칠 수 있는 기회를 더 많이 갖게 된다. 희석과 샤크 강사는 시간 가는 줄 모르고 대화를 나눴다.

"어이쿠, 시간이 벌써 이렇게 지났네요. 다음을 기약하고 오늘 만남은 이 정도로 정리하면 좋겠습니다."

"제가 만나야 할 다음 동물은 뭔가요?"

퍼니와 로티에 이어 희석은 샤크 강사로부터 어떤 동물 인형을 선물 받게 될지 몹시 설레었다. 얼른 자신의 마음속에 존재하는 또 다른 동물을 알고 싶었다.

"이번에 제가 소개할 동물은 수탉입니다. '보이스'라는 개성 넘치는 이름을 가지고 있죠. 오늘은 늦었으니 다음에 보이스에 대해 얘기하죠."

희석은 샤크 강사가 건네준 수탉 인형을 유심히 들여다보았다. 보이스는 과연 어떤 이야기를 들려줄까?

희석의 멘토링 두 번째 노트

1. 학습 주제
'윗사람 울렁증' 극복하기

'윗사람 울렁증이란?
사회적으로 영향력이 높은 사람을 만나면
언행이 부자연스러워지고 불편해지는 현상.

· 그도 사람이다. 위로 올라갈수록 외로워진다. 먼저 다가가야 한다.
· 불편한 사람도 자주 만나면 편해진다. 그가 찾지 않아도 끊임없이 그와의 소통
  빈도를 높여야 한다.
· 물고기를 낚으려면 물고기의 생각을 알아야 한다. 사람의 마음을 얻으려면 먼저
  그의 생각을 알아야 한다.
· 결재를 잘 받기 위해서는 사전에 예상 질문을 적어보고 답변을 준비해야 한다.
· 조직에서 인정받게 되면 영향력이 커지게 되고 내 뜻대로 할 수 있는 일들이 많아진다.

- -

2. 관련 실천 행동
· 팀장의 머릿속에 어떤 고민이 있는지 생각해보기
· 팀장과의 소통 빈도를 높이기
· 보고할 때 예상되는 질문을 노트에 기록하고 답변을 생각해보기

ROOSTER

VOICE

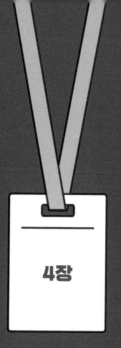

4장

극한직업, 직장인

파랑새는
어디에 있는가

희석은 모처럼 친구 준석을 만났다. 항상 그랬던 것처럼 강남역 9번 출구 근처에서 만나서 가벼운 안주와 함께 수제 맥주를 마시고 있는 중이다.

"넌 좋겠다. 선생님이라서…."

희석은 늘 준석의 직업을 부러워한다. 밑도 끝도 없는 소리에 준석은 짜증 담긴 목소리로 말했다.

"그건 또 뭔 말이야? 취했냐?"

"넌 네가 원하는 일을 하고 있잖아. 부럽다."

"또 그 타령이냐? 어휴, 지겨워. 몇 번 말해야 알겠어. 나도 엄청 힘들어."

준석은 알다시피 학교 선생님이다. 그가 처음 교사 발령을 받았을 때부터 주변으로부터 많은 부러움을 받았다. 그리고 그 자신도 꿈을 이뤘다고 생각했다. 하지만 현실은 항상 냉정한 법이다. 처음 머릿속에 그렸던 모습과 현실은 분명한 차이가 있다. 최근 교사들의 분위기가 심상치 않다. 명예퇴직을 신청하고 학교를 떠나려는 교사의 비율이 급격히 높아지고 있다. 교육 공백이 우려될 정도로 말이다.

"교사 직업도 이제는 옛말이다. 그냥 아이들을 가르치면 얼마나 좋겠냐? 그런데 그게 전부가 아냐. 요즘 아이들, 우리 때와는 완전 달라. 선생님을 공경하기는커녕 수업 시간에 퍼질러 잠이나 자고 있고. 말 그대로 선생님을 개무시해. 잘못한 일에 대해 야단도 못 쳐요. 누구 한 명 야단을 치려고 하면 휴대폰 들고 녹화하는 녀석이 있다니까. 그런 꼴을 당하면 어떤 심정인 줄 아니? 직업에 대한 회의감을 넘어 배신감 같은 게 느껴져. 아이들한테 무시당하고 감시당하고 자기 목소리조차 못 내는 선생님 입장을 한번 생각해봐. 학부모 등쌀은 어떤 줄 아니? 말도 마. 좁쌀만 한 문제에 학교로 뛰어와 민원 제기하는 학부모가 한두 명이 아냐. 그뿐인 줄 알아? 나는 선생님이 되면 회사에서 그렇게 지긋지긋하던 서류 작업 같은 건 안 할 줄 알았어. 근데 회사 다닐 때보다도 더 심하면 심했지, 결코 덜하지가 않아. 진짜 힘들어."

희석은 그가 엄살을 부린다고 생각했다. 백번 양보해도 자신만큼은 아닐 거라 생각했다. 그래도 준석은 원하는 일이라도 하고 있지 않은가? 희석의 머릿속 계산은 심플하다. 그것을 그래프로 표현해보면 다음과 같다.

"그런데 너는 뭔가 원하는 일이 있기는 있는 거야?"

느닷없이 준석이 도발적인 질문을 던진다. 희석은 마시던 맥주잔을 바닥에 내려놓고 정색을 하며 말했다.

"너 지금 사람을 어떻게 보고… 당연히 있지!"

희석은 홧김에 이렇게 말하긴 했지만 솔직히 마땅한 답변을 가지고 있지 않다. 어딘가에 내가 원하는 일 하나쯤은 있지 않을까 하는 막연한 생각이었다.

"그럼, 말해 봐! 뭔데?"

준석은 약 올리듯 다그쳤다. 그 역시도 희석이 대안을 가지고 있지 않음을 잘 알고 있었다.

"비밀이야."

희석은 속내를 들키고 싶지 않았다.

"비밀 같은 소리 하고 있네. 나만큼 너를 잘 아는 사람이 있니? 귀신을 속이지, 절대 나 못 속여. 딴 생각 하지 말고 그냥 술이나 먹어!"

준석과 헤어지고 집으로 돌아오는 내내 희석은 곰곰이 자신이 어떤 일을 하고 싶어 하는지를 생각해보았다. 하지만 아무리 생각해도 마땅한 답변을 내릴 수가 없었다. 뭔가 원하는 일을 하면 참으로 좋을 것 같은데 문제는 그것이 무엇인지 도통 알 수가 없었다.

수탉 보이스,
'원하는 일'을 말하다

며칠 후 희석은 샤크 강사를 만났다.

"멘토님! 수탉 보이스의 의미에 대해 좀 자세히 설명해주시겠어요? 계속 궁금하더라고요."

두 사람은 지난번 미팅에서 시간이 부족해 수탉 보이스에 대해 충분한 대화를 나누지 못했었다.

"아, 그렇죠! 제가 설명을 드리기로 했었죠. 혹시 보이스가 무엇을 상징하는지는 생각해보셨나요?"

샤크 강사는 항상 먼저 속 시원하게 답변을 하는 법이 없다. 그는 늘 질문을 해서 뭔가를 생각하게 한다. 희석은 처음에는 이 점이 좀 답답했지만 지금은 어느 정도 적응한 상태다.

"글쎄요. 수탉은 뭔가 개성이 느껴져요. 깃털의 색깔도 다채롭고 머리에 화려하게 붉은 벼슬을 달고 있는 모습도 예사롭지 않습니다. 무엇보다 강력한 목소리를 가지고 있죠.”

“네. 수탉의 특성에 대해 아주 잘 알고 계시는군요.”

“제가 어릴 때 시골에서 자랐어요. 집에서 수탉을 키웠는데 얼마나 무서웠는지 몰라요. 공격성도 강해서 저를 보면 늘 부리를 세우고 달려들었어요. 제가 어려서 되게 만만해 보였던 것 같습니다. 심지어 마당에서 키우던 커다란 개한테도 절대 밀리지 않았어요.”

“그렇군요. 저도 비슷한 경험이 있답니다. 수탉에게는 뭔가 강렬한 에너지 같은 것이 느껴지죠. 혹시 수탉과 관련하여 다른 떠오르는 것은 없나요?”

희석은 샤크 강사의 질문에 잠깐 생각하다가 말했다.

“왜 없겠어요. 수탉 하면 당연히 떠오르는 게 있죠. ‘새벽 외침’이죠. *꼬끼오!*”

순간 희석은 주변을 살폈다. 너무 큰 목소리로 수탉 흉내를 낸 듯했기 때문이다. 샤크 강사도 약간 놀란 듯했지만 엄지손가락을 들어 보였다.

“그런데 수탉이 왜 ‘새벽 외침’을 하는지 아시나요?”

“글쎄요. 그건 생각해본 적이 없는데….”

“여러 가지 설이 있습니다. 호르몬이 가장 왕성하게 분비되는 시점이 해가 떠오르기 직전의 새벽녘이라는 말도 있고, 암탉에게 자신의 지위와 존재감을 확인시키고자 한다는 말도 있고…. 이건 제 생각인데요. 아마도 하나의 미션을 하늘로부터 부여받은 것 같습니다.”

"하나의 미션을 하늘로부터 부여받았다고요?"

"네. 제가 보기엔 확실히 그래요. 그게 뭘까요?"

너무 쉬운 문제였다. 먼 옛날, 시계가 없던 시절에 수탉은 아마도 사람들에게 아침이 왔음을 알려주는 알람과도 같은 임무를 수행했을 것이다.

"알람이네요, 기상 알람. 맞죠?"

"제가 생각하기에는 단순한 기상 알람보다 더 큰 미션일 겁니다. 이른 아침에 자다가 자명종 소리를 들으면 기분이 어떤가요?"

"많이 짜증나죠. 듣기 싫고 일어나기도 싫고 해서 바로 꺼버리는 경우가 많습니다. 아침에 알람 소리를 들으면 대개 기분이 나빠지는 것 같아요."

희석은 샤크 강사의 질문에 답변을 하다가 문득 그가 무슨 말을 하고 싶은지를 깨달았다. 수탉이 하늘로부터 부여받은 하나의 미션은 '아침을 멋지게 깨우는 일'인 것이다. 새벽녘 수탉의 상쾌한 외침은 자명종의 요란하고 시끄럽기만 한 자명종 소리와 차원이 다르다. 그것은 내면의 깊은 영혼을 울리고 심장이 저절로 뛰게 하는 소리다. 옛날 사람들은 수탉의 소리와 함께 하루를 시작할 수 있었으니 훨씬 더 기운찬 하루를 보낼 수 있었을 것이다.

"혹시 수탉 보이스가 무엇을 상징하는지 알 것 같나요?"

"네. 왠지 수탉은 일과 관련된 뭔가를 상징하는 듯 보입니다."

"그럼 질문을 바꿔볼게요. 먼저 스스로를 수탉이라고 생각해보세요. 수탉이 가장 싫어하는 것은 무엇일까요?"

"그건… '새벽 외침'을 못 하게 하는 거 아닐까요? 하늘로부터 부여받은 본능과 같은 일인데 그걸 못 하게 하면 존재감이 없어지겠죠. 아마 주변에서 더 난리일 듯합니다. 병에 걸렸나 하는 생각도 할 것 같아요."

"맞습니다. 수탉 보이스가 상징하는 욕구는 '원하는 일'입니다. 풀어 말하면 수탉은 원하는 일이 있고 그 일을 하고자 하는 욕구를 상징합니다."

"저한테 그런 욕구가 있다는 말씀이신 거죠?"

"희석 님뿐만 아니라 이 세상 대부분의 사람에게 '원하는 일'이라는 욕구가 존재합니다. 저 역시도 마찬가지입니다."

"그럼 멘토님은 원하는 일을 하고 계신가요?"

샤크 강사는 잠시 생각에 잠겼다. 희석은 당연히 그가 '예스'라고 답할 줄 알았다. 그가 대답에 뜸을 들이는 이유를 알 수 없었다.

"그렇다고 볼 수 있겠죠."

희석은 샤크 강사의 답변에 의아한 표정을 지으면 물었다.

"그게 무슨 말씀이시죠? 그렇다는 건가요, 아니라는 건가요?"

"음, '그렇다'라고 해두겠습니다. 자세한 이야기는 다음에 기회가 있을 때 하도록 하죠. 우선 제 얘기보다는 희석 님에 대한 이야기를 하는 게 더 좋을 것 같습니다. 희석 님은 원하는 일을 하고 계신가요?"

"저는 확실히 수탉의 욕구가 결여되어 있습니다. 제가 원하는 일을 하지 못하고 있거든요."

"뭔가 하고 싶은 일이 있으시군요?"

"그런 게 있다면 일하면서 이렇게 스트레스 받을 일도 없을 거예요. 저는 진짜 제가 원하는 일을 하고 싶어요. 그런데 문제는 그걸 잘 모르겠다는 거죠. 누가 좀 알려줬으면 좋겠어요. 정말 그런 일이 있다면 회사도 그만둘 수 있어요. 당장이라도 그 일에 뛰어들 겁니다."

샤크 강사는 희석의 이야기를 들으면서 커피 잔을 만지작거리고 있었다. 뭔가를 말하고 싶은데 주저하는 듯 보였다. 희석은 이런 샤크 강사를 잠자코 지켜보았다. 샤크 강사가 조용히 입을 열었다.

"마땅히 원하는 일은 없는데 현재 하고 있는 일은 싫다는 건가요?"

희석은 자신의 생각이 이런 식으로 표현되는 게 불편했다. 마음속 깊은 생각이 '고작 이거였단 말이야?'라는 식으로 너무 단순하게 표현되어 버린 것 같은 느낌이 들어서다. 그렇다고 샤크 강사가 한 말이 틀린 것도 아니다. 불편할 수 있지만 현실을 냉정하게 있는 그대로 이야기한다.

"제가 마음을 상하게 했으면 죄송합니다. 누차 말씀드리지만 저는 현재의 상황을 보다 명확히 정의하고 싶을 따름입니다. 그래야 정확한 대처 방안을 찾을 수 있지 않겠어요? 다시 한번 여쭤볼게요. 제가 드린 말씀이 맞나요?"

"받아들이기는 싫지만 거부할 수도 없네요. 마땅히 원하는 일은 없다. 하지만 현재 하고 있는 일은 싫다…."

"그렇군요. 매우 흔한 현상이니까 너무 걱정하지 마세요. 감기처럼 흔한 겁니다."

"그럼 시간이 지나면 자연스레 좋아지나요?"

희석의 살짝 장난 섞인 질문에 샤크 강사는 웃음이 터져나왔다.

"하하. 반은 맞고 반은 틀립니다. 시간이 지나면 좋아지긴 하는데 그렇다고 아무것도 안 하고 있으면 안 됩니다. 일단 병명부터 말씀드리죠. '파랑새 증후군'입니다."

'파랑새 증후군'은 마테를링크의 소설《파랑새》에서 비롯된 개념이다. 틸틸과 미틸이라는 이름의 두 아이는 집을 떠나 파랑새를 찾아 나서지만 결국 실패한다. 포기하고 집으로 돌아왔는데 파랑새는 이미 집 안에 있는 새장에 존재하고 있었다. 집 안에 있는 파랑새를 알아보지 못하고 엉뚱한 곳에서 파랑새를 찾고 있었던 것이다. 소설의 이야기를 모티브로 해서 '파랑새 증후군'은 현재 하고 있는 일에는 만족하지 못하고 이상적인 일이나 행복을 추구하는 현상을 말한다. 희석은 세세한 설명을 듣지 않아도 샤크 강사가 무슨 말을 하려는지 알 것 같았다.

"그렇다면 제가 현재 하고 있는 일이 결국 제가 원하는 일일 수 있다는 말씀인가요?"

"음…."

희석은 아무리 생각해도 현재 자신이 하고 있는 일이 파랑새라는 사실을 받아들일 수가 없었다. 할 때마다 힘들고 짜증이 나고 벗어나고 싶은데 어떻게 이런 일이 파랑새일 수 있다는 말인가?

"그 이야기를 하기에 앞서 일단 일의 속성에 대한 이야기를 할 필요가 있을 것 같습니다. 희석 님은 왜 일을 하십니까? 일을 하는 목적이 무엇인가요?"

희석은 샤크 강사의 질문에 명쾌하게 자기 생각을 말하기 어려웠다. 책에서 보았던 '자아실현의 도구'라고 말하자니 자신의 삶에서 한 번도 그런 걸 느껴본 적이 없었다. 솔직하게 먹고살기 위한 '생계 수단'이라고 말하자니 대답이 좀 초라해 보였다. 문득 일이란 '자아실현의 도구'나 '생계 수단' 사이의 중간 정도가 아닐까 하는 생각이 들었다.

"제 생각에는 일이 '생계 수단'으로 비롯된 것인데 최고의 이상적인 상태는 '자아실현의 도구'라고 생각합니다. 하지만 사람마다 좀 다를 것 같아요. 일이 '생계 수단'에 가까운 사람도 있을 것이고, '자아실현의 도구'에 가까운 사람도 있을 것 같습니다."

"멋진 답변이네요. 확실히 희석 님과 대화를 하다 보면 제가 배우는 것이 있어요. 특히 사람마다 일을 다르게 인식할 수 있다는 관점이 참 마음에 드네요."

희석은 샤크 강사의 칭찬에 어깨를 으쓱하며 웃어보였다.

"그러면 희석 님은 '생계 수단' 쪽에 가까우신가요, 아니면 '자아실현' 쪽에 가까우신가요?"

"저는 마음은 '자아실현'인데 현실은 '생계 수단'인 것 같습니다. 그래서 더 힘든 것 같아요."

샤크 강사는 희석의 말이 떨어지자마자 손을 내저으며 말했다.

"천만에요. 전혀 그렇지 않습니다. 일이라는 것은 어떤 사람이 목적하는 것에 따라 모두 다르게 해석이 될 수 있어요. 솔직히 요즘의 저 같은 경우에는 일을 하는 가장 큰 목적이 자녀 교육이라고 해도 과언이 아닐 겁니다. 우리 아이에게 보다 양질의 교육 기회를 제공하기 위해 일을 하는 거죠.”

희석은 의외의 답변에 깜짝 놀랐다. 샤크 강사라면 일의 목적이 ‘자아실현의 수단’ 쪽에 많이 가까울 거라 생각했기 때문이다.

“왜요? 실망하셨나요? 사람마다 일을 하는 목적은 다양합니다. 어떤 사람은 오로지 여행 경비를 마련하기 위해 일하는 사람도 있을 테고 좋아하는 고급 음식을 사 먹기 위해 일을 하는 사람도 있을 겁니다. 또한 일을 하는 목적이 한 가지가 아니라 여러 가지 목적이 복합적으로 작용할 수도 있습니다. 한 사람이 처한 상황이나 환경, 그리고 삶의 주기에 따라 목적이 바뀌기도 합니다. 사람마다 일을 하는 목적은 다양하고 모두 다를 수 있어요. 그 목적에 대해 옳다, 그르다로 판단하는 것은 옳지 않은 접근입니다.”

희석은 샤크 강사의 말을 듣자 마음이 한결 가벼워지는 느낌이 들었다. 항상 자신이 ‘자아실현’과 같은 뭔가 숭고한 것에 못 미치고 있는 듯한 느낌이 들어 자신에게 뭔가 문제가 있는 것은 아닌가 하는 생각에 사로잡혀 있었기 때문이다.

“저는 일을 생계 수단으로만 생각하는 제게 문제가 있다고 생각했어요. ‘이건 아닌데…’ 하는 생각만 자꾸 들고 뭔가 멋진 일이 따로 있을 것 같고….”

“다시 말씀드리지만 사람들은 저마다 일을 하는 목적이 모두 다릅니다. 그걸 가지고 뭐라고 할 수는 없어요. 우리의 부모 세대를 생각해보자고요. 그들은 예외 없이 치열하게 일해왔어요. 그들이 열심히 일한 이유는 무엇일까요? 약간의 차이는 있겠지만 먹고살기 위해서 였어요. 먹고살기가 너무 힘든 세상이다 보니 치열하게 일할 수밖에 없었던 것이고요. 가족의 생계를 위해 온몸을 불사르며 일을 한 거죠. 이걸 숭고하다 하지 않을 수 있나요?"

"그럼 일을 통해 자아실현을 한다는 건 책에나 나오는 말인가요?"

희석은 '자아실현'이라는 말이 왠지 현실 사회에서는 가능하지 않은 이상적인 메시지처럼 느껴졌다. 주변에서 일을 통해 자아실현을 했다는 사람을 거의 본 적이 없었기 때문이다.

"아니죠. 모두가 일을 통해 자아실현을 할 수 있습니다. 일을 하는 목적이 어떤 것이든 상관은 없겠지만 어떤 일이든 그것에 정진하다 보면 내공이 쌓이게 됩니다. 이 세상에 힘들지 않은 일은 없기 때문입니다. 힘든 일을 포기하지 않고 계속 정진하다 보면 그 속에서 자신의 내면 깊이 잠재되어 있던 역량이 폭발하면서 스스로 성장을 하게 되는 것입니다. 전과는 다른 자신의 모습을 만나게 되는 거죠. 그리고 그 힘으로 일을 통해 더 큰 뜻을 이룰 수가 있게 됩니다. 이것이 바로 일을 통해 얻을 수 있는 자아실현입니다."

샤크 강사는 포스트잇에 다음과 같이 기록했다.

자아실현
일을 통해 더 성장한 나를 만나고,
더 성장한 나를 통해 더 큰 성취를 이루는 것

세상에
재미있기만 한 일이 있을까?

희석은 이 세상에 힘들지 않는 일이 없다는 샤크 강사의 말이 가슴에 박혔다. 자신이 일을 하면서 힘든 이유가 바로 이런 이유인가 하는 생각이 들었다. 그리고 희석의 머릿속에는 친구 준석과 대화를 나누던 과정에서 생각했던 머릿속 도표가 다시금 떠올랐다.

"그런데 일이 재미있어야 한다는 말도 있잖아요? 그 점에 대해서는 어떻게 생각하세요?"

샤크 강사의 표정이 갑자기 진지해졌다. 그는 희석의 질문에 설레설레 고개를 저었다.

"저도 많은 사람들로부터 그런 이야기를 듣곤 합니다. 일이 재미있어야 한다고. 하지만 저는 동의하지 않아요. 일은 재미있기가 힘드니까요. 제아무리 좋아하는 일을 한다손 치더라도 일은 결코 재미만

있지 않습니다. 취미로 한다면 모를까. 일이 재미있어야 한다는 생각은 이제부터 머릿속에서 지웠으면 좋겠네요. 재미라는 말 자체가 우리를 종종 혼란에 빠지게 합니다. 특히 일과 함께 사용할 때는 더욱 그렇죠. '내 일은 왜 재미가 없을까?' '좀 더 재미있는 일은 없을까?' 하면서 말이죠. 파랑새 증후군이 생기는 가장 큰 이유이기도 합니다. 일은 항상 힘듭니다. 제대로 하려고 하면, 더 잘하려고 하면 일은 더욱 힘들고 고통스러워집니다. 만약 일에 재미라는 말을 꼭 붙여 써야 한다면 그것은 고통을 견딘 후에 느끼는 카타르시스일 겁니다. 한계 상황에서 근육이 찢어지는 고통을 느끼면서 벤치프레스를 할 때의 쾌감 같은 것 말입니다. 또는 고단하고 난이도가 높은 일을 잘 마치고 난 후 얻게 되는 성취감이나 보람 같은 것이죠. 이런 것을 재미라는 말로 표현한다면 일이 재미있다는 말에 동의할 수 있습니다. 하지만 일반적으로 우리가 알고 표현하는 재미와 일은 서로 어울리지 않는 말입니다. 이 대목에서 한 가지 짚고 넘어가도록 하죠. 혹시 일이 힘들 수밖에 없는 이유가 무엇인지 아시나요?"

"글쎄요. 일이 힘든 이유는…."

순간 희석은 얼마 전에 일할 때 만났던 진상 고객이 떠올랐다. 그는 말도 안 되는 이유로 반품을 요구했다. 소비자 과실에 의해 문제가 생긴 경우에는 반품의 의무가 없다. 하지만 그 고객은 욕설을 퍼부으며 막무가내로 반품을 요구했고 결국 이를 들어줄 수밖에 없었다. 이로 인한 뒷수습은 모두 희석의 책임이었다.

"진상 고객이에요. 일이 힘든 이유는 진상 고객이 있기 때문입니다."

"정답입니다. 일이 힘든 이유는 바로 고객이 존재하기 때문입니다. 고객은 늘 새로운 것을 찾고 새로운 것을 요구하기 때문입니다. 이러한 고객의 눈높이가 점점 높아져가고 까다로워지고 있어요. 더구나 고객은 시장의 경쟁 상황을 매우 즐깁니다. 그래야만 스스로 더큰 혜택을 누릴 수 있기 때문입니다. 이러한 특성을 가진 고객이 내눈앞에 존재하는 한 일이 결코 쉬워질 수는 없어요."

"그럼 고객이 존재하지 않은 일을 하면 되겠네요."

샤크 강사는 희석의 답변에 살짝 미소를 지으며 말했다.

"고객이 존재하지 않는 일이 이 세상에 과연 있을까요? 고객이 존재하지 않는 일이 있다면 그것은 일이라고 규정하기 어렵습니다. 고객이 존재하지 않는 일은 한마디로 '취미'라고 하죠."

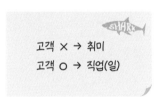

고객 × → 취미
고객 ○ → 직업(일)

"만약에 제가 진짜 원하는 일을 만난다면 어떨까요? 소원하는 일말입니다."

희석은 끝까지 미련을 버리지 못하고 있는 듯했다. 진짜 원하는 일을 만나면 진상 고객을 만나도 그것을 재밌게 할 수 있을 것 같은 느낌이 들었다.

"천만에요. 제아무리 원하는 일을 한다고 해도 힘이 덜 드는 것은 아니랍니다. 오히려 반대죠. 자신이 진정으로 간절히 원하는 일을 하게 된다면 아마도 일은 더 어려워질 것입니다. 자연스레 일의 난이도가 점점 높아질 테고 그만큼 시간과 노력이 더 많이 들어가게 됩니다. 방송 매체에서 유명 스포츠 스타들의 인터뷰를 보신 적이 있을 겁니다. 그들은 최고의 스타이고 자신의 직업에서 최고의 자리로 올라간 사람들이에요. 그런데 그들이 하는 공통적인 말이 한 가지 있어요. 그들의 자녀에게만큼은 그들이 하는 일을 시키고 싶지 않다고요. 그 이유가 뭘까요? 바로 너무나도 힘이 들기 때문입니다. 자신의 일을 좋아하고 최고의 반열에 올라가서 세인들의 부러움을 한 몸에 받는 사람들도 자신이 하는 일에서 늘 고통을 느끼고 삽니다. 일을 통해 자아실현을 한 사람들은 인간이 느낄 수 있는 최고 수준의 고통을 견뎌낸 사람이라고 보면 됩니다. 이러한 고통은 재미와는 아주 거리가 멀죠. 저는 이제부터 일에 대해서는 '재미'라는 말보다는 '진지함'이라는 말을 써야 한다고 생각해요. 일에 가장 진지한 태도를 보이는 사람이 대개 일을 잘합니다. 그리고 일에서 오는 고통을 잘 견뎌내고 종국에는 최고의 수준으로 올라가게 됩니다."

어쩌면 일이라는 말과 우리가 늘 알고 있는 재미라는 말은 상극일지도 모른다. 주변에서 종종 취미로 하던 일을 직업으로 갖게 되는 사람들을 볼 수가 있다. 대표적인 예로 게임을 취미로 즐기다가 프로게이머가 되는 것과 같은 경우 말이다. 취미로 게임을 할 때는 재미가 주된 목적이지만 프로게이머가 되면 자신의 이름을 걸어야 하는 상황으로 바뀌게 된다. 프로의 세계에서는 반드시 승리해야 한다. 승리하지 못하면 존재감이 없어지고 직업을 계속 유지할 수 없기 때문이다. 누구보다도 진지해야 하고 치열해져야만 한다. 그에 따른 감당 못 할 스트레스를 견뎌야 하고 어려운 난관을 극복할 수 있어야 한다. 이 세상의 모든 일은 다 이렇다. 이 세상에 존재하는 모든 일은 어쩌면 모두 극한직업인지도 모른다.

이 세상에 재미있는 일은 없다.
보람 또는 성취감이면 모를까.

존재하는 모든 일은
극한직업이다

"샤크 강사님은 어떻게 현재의 직업을 갖게 되셨나요?"

문득 희석은 샤크 강사가 현재의 직업을 갖게 된 배경을 알고 싶었다. 그의 답변은 매우 심플했다.

"좋은 질문입니다. 그건 저의 대답보다는 직업 세계에서 성공한 사람들의 답변으로 대신해 드리는 편이 좋겠네요."

샤크 강사는 포스트잇에 뭔가를 적고는 희석에게 보여주었다.

1. 어쩌다가
2. 그것밖에 할 게 없어서

우리는 일을 한다. 일 자체가 힘들다 보니 어딘가에 자신을 구원해줄 파랑새와 같은 일이 존재할 것이라는 믿음을 갖는다. 일종의 착각이다. 재미있고 나에게 딱 맞는 파랑새와 같은 일은 이 세상에 존재하지 않는다. 꿈속에 조상님이 나타나 '어디에 가서 어떤 일을 하거라' 하며 할 일을 점지해주면 얼마나 좋겠는가? 하지만 세상에 그런 일은 없다. 직업 세계에서 정상에 오른 사람들이 자신의 직업을 선택하게 된 과정을 보면 허무할 정도로 별게 없다. 크게 두 가지 유형이다. 하나는 '어쩌다가'이고, 다른 하나는 '그것밖에는 할 게 없어서'다. 이들이 일반 사람들과 다른 점은 그렇게 다가온 일을 천직으로 받아들인 것뿐이다.

"이게 희석 님에게 도움이 될지 모르겠네요."

샤크 강사는 뭔가가 빼곡히 적혀 있는 A4 용지 두 장을 내 밀었다.

"이게 뭐죠?"

"희석 님이 저에게 이런 질문을 하셨었죠? 제가 원하는 일을 하고 있냐고요."

두 사람의 대화를 거슬러 올라가 보자. 희석은 샤크 강사에게 '멘토님은 원하는 일을 하고 계시나요?'라는 질문을 던졌다. 이때 샤크 강사는 뜸을 들이며 '그렇다고 해두겠습니다'라고 답변을 한 바가 있다.

"솔직히 저도 제가 진짜 원하는 일을 하고 있다고 말씀드리기 어렵습니다. 어떤 때는 그런 것 같기도 하고, 어떤 때는 그런 것 같지 않기도 해요. 가령 일이 뜻대로 잘될 때는 진짜 제가 원하고 있는 일

내 일이 감사한 이유

1. 술을 마실 수가 없다.

2. 담배를 피울 수도 없다.

3. 탈날까 봐 아무 음식이나 함부로 먹지 않게 된다.

4. 늘 운동을 통해 좋은 컨디션을 유지해야 한다.

5. 내 삶에 도움이 되는 루틴이 무엇인지 알게 된다.

6. 혼자 있는 시간이 심심하지 않다. 늘 뭔가를 하게 된다.

7. 공부하는 게 일이다.

8. 내가 공부를 하지 않으면 고객이 까다로운 요구로 강제로 공부를 시킨다.

9. 고객이 자신의 고민을 나에게 먼저 알려준다. 굳이 조사하지 않아도 요즘 고객의
   니즈를 절로 알 수 있다.

10. 하나의 고객 니즈를 해소하면서 뭔가를 개발해놓으면 신기하게도 곧바로 그것을
    다른 고객이 찾는다.

11. 고객이 자신의 현장 노하우와 지식을 대가없이 나에게 알려준다.

12. 늘 생각을 통해 내 생각을 정리해야 한다. 내 생각이 없으면 말할 수가 없다.

13. 리얼 타임으로 현장에서 고객의 피드백이 온다. 내가 일을 잘하고 있는지 못하고
    있는지 금세 알게 된다.

14. 어느 곳보다 소문이 빠른 분야여서 영업 활동이 필요 없다.

15. 일을 잘못하는 것은 재앙이어서 잘할 수 있도록 철저히 준비하게 된다.

16. 삶 자체가 몽땅 일거리 소재가 된다.

17. 아파서도 안 된다. 실제로 아프다가도 해야 할 일을 생각하면 금방 낫는다.

18. 하면 할수록 말솜씨가 는다.

19. 늘 새로운 사람과 세상을 만난다. 삶의 경험의 폭이 알게 모르게 커진다.

20. 꼭 필요한 일에 집중할 수 있다.

21. 스스로 올바른 삶을 살기 위해 노력하게 된다.

22. 고객이 나를 공손하게 맞아준다.

23. 어려운 고객은 나에게 공부를 시켜준다.

24. 고객들이 내 이야기를 들어준다. 살면서 이처럼 고마운 일도 없다.

25. 일하고 나서 고맙다는 말을 자주 듣는다.

26. 일하다 보면 자연스레 겸손해진다. 잘난 체할수록 일이 어려워지는 것을 몸으로
느낀다.

27. 현재 내가 위치한 곳이 나의 사무실이다.

28. 더욱이 내가 방문하는 곳 대부분은 산 좋고 물 좋고 공기 좋은 곳에 있다.

29. 일하는 데 비용이 많이 들지 않는다.

30. 약속의 중요성을 깨닫게 되었다.

31. 비즈니스 매너를 지키려고 노력하게 되었다.

32. 머리를 빗는 습관을 갖게 되었다.

33. 전국 방방곡곡 여행 다니듯 일할 수 있다.

34. 일하면서 제법 돈을 번다.

35. 가족이 좋아하는 선물을 살 수 있다.

36. 나의 강점을 알게 되었다.

37. 나의 약점을 알게 되었다.

38. 이 일을 하면서 내가 충분히 가치 있는 사람이라는 것을 알게 되었다.

을 하고 있다는 생각을 갖게 됩니다. 이보다 좋을 순 없는 거죠. 심지어는 하늘에서 또는 조상님이 저를 돕고 있다는 느낌을 가질 정도로요. 하지만 일이 뜻대로 되지 않을 때가 문제입니다. 솔직히 이런 경우가 더 많습니다. 일이 정말 싫어지죠. 벗어나고 싶을 때가 한두 번이 아니랍니다. 그럴 때면 저는 항상 이걸 봅니다. 제 책상에 붙여놓고 늘 들여다보는 내용이기도 하죠."

샤크 강사가 건넨 종이에는 그가 그의 일을 감사하게 생각하는 이유가 적혀 있었다. 시간을 내어 일부러 적어봤다고 한다. 가짓수가 무려 38가지였다. 그는 일에 염증이 느껴질 때 이것을 한 번씩 들여다본다고 했다.

"와~ 이렇게나 많은가요? 저는 32번째 내용이 가장 재밌네요."

희석은 32번째 '머리를 빗는 습관을 갖게 되었다'를 손가락으로 짚으며 말했다.

"네. 그런 내용도 감사한 이유가 될 수 있죠. 이전에는 저에게 없었던 습관이기 때문입니다. 일을 하면서 만나게 된 습관이고 또 좋은 습관이니 당연히 감사한 이유가 되는 거죠."

"내용을 보니 저도 자신감이 생기네요. 하나도 못 적을 것 같았는데 이 정도 수준의 내용이라면 저도 많이 적을 수 있을 것 같아요."

희석은 샤크 강사가 쓴 내용을 보며 한편으로는 재미있었고 또 한편으로는 놀라웠다. 먼저 자신의 일에 대해 매우 만족하고 있는 듯 보이는 샤크 강사 또한 자신과 똑같이 일이 힘들다고 느끼고 있다는 사실에 놀랐다. 또한 그것을 극복하기 위해 이와 같은 노력을 하고 있다는 사실 또한 놀라웠다.

"혹시 '일이 싫은 이유' 같은 건 만들어보지 않으셨나요?"

희석은 살짝 웃으며 질문을 했다. 샤크 강사 역시 희석의 질문에 미소를 지으며 말했다.

"아마 서른여덟 가지가 아니라 백 가지는 나오지 않을까요? 평상시에 늘 느끼고 사는 건데 굳이 적을 필요는 없다고 봅니다."

"하하! 하긴 그렇네요. 아무튼 저도 한번 작성해봐야겠어요."

일은 속성 자체가 인내를 요한다. 어려운 일일수록 한계를 맛보게 한다. 넌덜머리가 나는 진상 고객을 시도 때도 없이 만나기도 한다. 이 과정에서 일에 대한 부정적인 생각이 싹트기 쉽다. 이러한 부정적인 생각에 휩싸여버릴 경우 일을 오랫동안 수행하기 어렵다. 더욱이 잘해낼 수도 없다. 그래서 일을 잘해낼 수 없을 때 이제는 일로부터 버림을 받게 된다. 일이 나를 힘들게 만들고 그래서 부정적인 생각을 갖게 된 것뿐인데 그 결과로 일로부터 버림받는, 실업이라는 황당하고 아이러니한 상황에 처하게 된다. 일의 악순환이다.

그래서 일을 하다가 자연스레 만나게 되는 일에 대한 부정적인 생각을 극복하려는 노력이 필요하다. 그 방법은 일에 대한 긍정성을 의도적으로 높이는 것이다. 오래 하려면, 그리고 잘하려면 자신이 현재 하고 있는 일이 감사한 이유를 생각하고 정리해보자. 그리고 그것을 눈에 잘 보이는 곳에 붙여놓고 한 번씩 읽어보자. 일에 대한 긍정적인 마음가짐을 갖는 데 확실히 도움이 될 것이다. 일에 대한 긍정성을 높이면, 즉 자신의 일이 감사한 이유를 자주 생각하다 보면 힘든

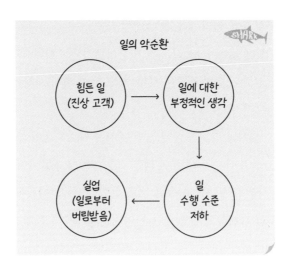

일의 악순환

일을 보다 잘 견딜 수 있게 된다. 그리고 잘 견디는 만큼 그 일을 보다 오랫동안 수행할 수 있게 되고 문제 해결을 위한 아이디어를 더 많이 생각해 낼 수 있다. 자연스럽게 업무의 질이 향상되고 더 좋은 성과를 낼 확률이 높아지게 된다.

"자! 이제 네 번째 동물을 소개해주세요."

샤크 강사는 마지막 동물인 고양이 익스퍼를 테이블에 올려놓았다.

"제가 가장 좋아하는 녀석입니다. 이 녀석을 만나지 못했더라면 지금의 저는 없었을 것입니다. 희석 님도 익스퍼와 친해졌으면 좋겠습니다."

희석은 익스퍼를 조심스럽게 집었다. 보이스에 이어 익스퍼는 어떤 이야기를 들려줄까?

희석의 멘토링 세 번째 노트

1. 학습 주제
파랑새 증후군 극복하기

 파랑새 증후군이란?
현재 하고 있는 일의 가치를 보지 못하고 막연히 어딘가에
자신의 선호나 적성에 맞는 일이 따로 존재할 거라는 착각.

· 하고 싶은 일이 있을 때는 그 일을 하면 된다. 만약 하고 싶은 일이 없다면 일단 지금 하는 일에 집중하라.
· 이 세상에 존재하는 모든 일은 극한직업이다. 재미있는 일은 없다.
· 일에는 '재미'라는 단어보다 '보람·성취감·진지함'이라는 말이 어울린다.
· 하고 싶은 일이 있는데 현재 그 일을 할 수 없는 상황이라면 관련 커뮤니티 가입이나 취미 활동으로 그 일과의 연을 이어가며 훗날을 도모한다.

----

2. 관련 실천 행동
· 일에 대한 긍정성 높이기
· 내가 현재 하고 있는 일의 감사한 점 찾아보기

C A T

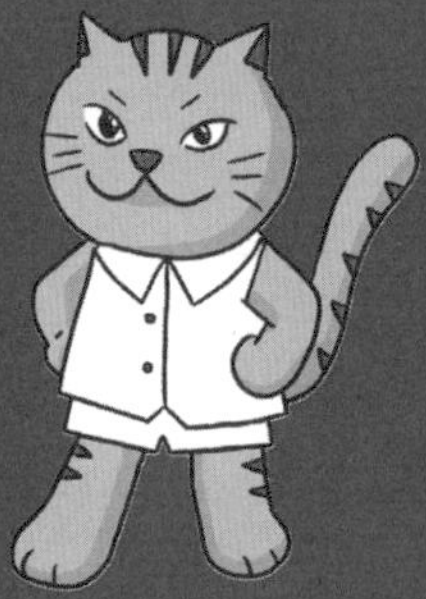

E X P E R

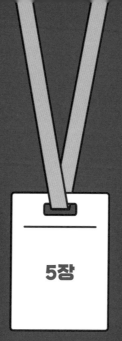

5장

더 나은 내일을 향해

시간과 실력은 비례 관계가 아니다

희석의 분위기가 심상치 않다. 매우 불쾌한 표정으로 언성을 높이며 통화를 하고 있다.

"아니, 어떻게 그게 5대 5입니까? 글쎄, 제가 뒤차에게 받힌 거라니깐요."

카페에서 샤크 강사를 기다리는데 마침 보험사에서 전화가 왔다. 얼마 전 차량 접촉 사고가 났기 때문이다. 가족과 함께 제주도 여행을 가던 중 끼어들기를 하다가 뒤차에 들이받힌 것이다. 다행히 다친 사람은 없었지만 애지중지 아끼던 차가 사고 현장에서 정비센터로 들어갔다. 사고 수습으로 우왕좌왕하는 사이 비행기마저 놓치고 말았다. 어렵사리 다시 비행기 티켓을 끊어 여행을 가긴 했지만 내내 심기가 좋지 않았다. 최악의 가족 여행으로 불릴 만한 사건이었다.

그런데 문제는 차 사고가 처음이 아니라는 점이다. 얼마 전에도 비슷한 자동차 접촉 사고가 있었다. 운전에는 자신이 있었고 10년 무사고의 자부심도 있었는데 이제는 가족들마저도 희석의 운전 실력을 못 믿고 불안해한다.

"제가 왜 50퍼센트의 책임을 져야 하나요? 보셔서 알겠지만 제가 받은 게 아닙니다. 이건 100퍼센트 뒤에서 받은 차가 잘못한 거죠?"

희석은 보험사와 실랑이를 하다가 마침 카페에 도착한 샤크 강사를 보며 황급히 전화를 끊었다.

"제가 지금 중요한 약속이 있어서 그러는데요. 다음에 통화하시죠. 어쨌든 저는 그 비율을 받아들일 수 없습니다."

"무슨 안 좋은 일이 있으신가요?"

희석은 샤크 강사에게 주말에 있었던 자동차 접촉 사고를 분개하며 늘어놓았다.

"어이쿠! 다친 사람은 없죠?"

"사람은 다치지 않았는데…. 요즘 이런 일이 자꾸 발생해서 이제 운전하기가 좀 겁이 나네요."

"사람이 다치지 않았다니 정말 다행이네요. 그런데 최근에 접촉 사고가 또 있었나요?"

"올해 들어서만 두 번째입니다. 작년에도 한 번 있었고요. 저도 왜 이러는지 모르겠어요. 제가 10년 무사고였거든요. 요즘 뭐가 씌운 것처럼 사고가 나네요. 왜 이럴까요? 제가 요즘 상태가 안 좋아서 그럴까요?"

샤크 강사는 조용히 희석의 이야기를 듣고 있었다. 그러고는 조용히 입을 열었다.

"뭔가를 오랫동안 했다고 해서 실력이 느는 것은 아니죠."

희석에게 샤크 강사의 말이 이상하게 들렸다. 뭔가를 오래 하면 당연히 오래 한 만큼 실력이 느는 것 아닌가? 희석은 고개를 갸우뚱하며 물었다.

"오랫동안 어떤 일을 하면 자연히 실력이 늘지 않나요?"

"그럴 수도 있지만 그렇지 않을 수도 있습니다. 시간과 실력은 비례 관계가 아닙니다. 오히려 시간이 흐르면서 실력이 뒤떨어지는 경우도 많습니다."

시간과 실력이 비례하지 않는다고? 오히려 실력이 뒤떨어지는 경우도 많다고? 이게 무슨 말인가! 희석은 잠시 뭔가를 오래 했지만 실력이 떨어지는 경우가 어떤 것이 있는지 생각해보았다. 아무리 생각해도 감이 잡히지 않았다. 샤크 강사는 이런 희석을 보며 빙긋이 웃으며 말했다.

"퇴행이라는 말을 아시죠? 따져보면 생활 곳곳에서 퇴행이 일어납니다. 예를 들어 볼까요? 우리는 음식을 태어날 때부터 쭉 먹어왔습니다. 하지만 오랫동안 음식을 먹어왔다고 해서 음식을 먹는 실력이 느는 것은 아니라고 봅니다. 항상 똑같은 방식을 사용하죠. 그런데 문제는 음식을 받아들이는 소화기관이 어릴 때와 같지 않다는 것입니다. 어린 시절에는 대충 씹어 먹어도 소화가 됐지만 나이가 들면 대충 씹어 먹으면 소화불량이 일어납니다. 퇴행은 환경의 변화에 따라 기존에 익숙하게 해왔던 방식에 문제가 생기는 현상입니다. 특히 처음 배웠던 방식이 제대로 된 것이 아니라면 퇴행은 더욱 빠르게 진행될 가능성이 높습니다."

희석은 비로소 샤크 강사의 말이 이해가 됐다.

"정체도 일종의 퇴행이라고 할 수 있나요?"

"정체는 결과적으로 보면 퇴행의 다른 말일 수 있습니다. 우리를 둘러싸고 있는 환경은 늘 움직이고 있기 때문이죠. 왕년의 실력이 결코 현재와 미래의 실력이 될 수가 없습니다."

"정체가 퇴행이 될 수 있다면 삶의 곳곳에서 퇴행이 일어난다고 볼 수 있겠네요."

"그렇습니다. 건강을 방치하면 나빠지는 것과도 같은 원리입니다. 실력은 익숙하고 편한 상태로부터 벗어나려고 하는 과정에서만 향상이 됩니다. 익숙해지는 것과 실력이 느는 것은 완전히 다른 말입니다. 어쩌면 반대말일 수도 있어요."

"제가 근래 들어 자동차 접촉 사고가 자주 일어나는 이유가 그런 이유일 수 있겠네요. 늘 같은 길을, 같은 속도로, 같은 방식으로 운전을 해왔어요. 실력은 하나도 안 늘었는데 어쩌면 10년 운전이라는 건 방만 는 것은 아닐까 하는 생각이 드네요."

샤크 강사는 씩 웃으며 응답했다.

"운전을 오래 했다고 해서 카레이서가 될 수 있는 건 아니죠. '건방'이라는 표현이 좋네요. 실력이 늘어야지 '건방'이 늘어서는 안 될 것입니다."

혹시 나도
피터팬 증후군?

"대화를 하다 보니 자연스럽게 우리가 '피터팬 증후군'에 대해 이야기할 수 있는 상황이 되었군요."

샤크 강사는 말하면서 포스트잇에 '피터팬 증후군'이라고 기록하여 희석에게 보여주었다.

피터팬 증후군
시간이 지나도 성장하지 않고
정체되거나 퇴행하는 현상

"'피터팬 증후군'이라고요? 어릴 때 읽었던 동화 '피터팬'을 말씀하시나요? 웬디의 친구?"

"맞습니다. 바로 그 피터팬입니다. '피터팬 증후군'은 현대인들이 가장 많이 겪는 대표적인 증세 중 하나입니다."

'피터팬 증후군'은 시간이 지나도 성장하지 않고 정체되거나 퇴행하는 현상을 상징한다. 시간이 지나고 어떤 일을 오래 하면 누구나 성장을 기대한다. 본인 스스로는 물론이고 주변에서도 그 같은 기대를 하기 마련이다. 하지만 항상 그런 것은 아니다. 아니 오히려 반대로 성장이 일어나지 않은 채 정체되어 있거나 환경 변화에 적응하지 못한 채 퇴행이 일어나는 사람들이 훨씬 더 많은 것이 현실이다. 앞에서 희석의 경우처럼 운전을 10년 했다고 운전 실력이 늘었다고 볼 수 있는 것은 아니다. 가정주부로 매일 음식을 한다고 해서 음식 실력이 늘었다고 말하기는 어렵다. 익숙함과 실력은 구분해야 한다. 일도 그렇다. 어떤 일을 아주 오랫동안 했다고 해서 실력이 늘었다고 말할 수 없다.

"문득 저희 동네에 있는 한의원이 생각나네요."

희석이 빙긋이 웃으며 말했다. 희석의 동네에는 한의원이 두 개 있다. 하나는 제법 나이가 드신 한의사분이 경영하는 곳이고, 다른 하나는 한의원을 개업한 지 얼마 안 되는 젊은 의사가 경영하는 곳이다. 목을 삐끗해서 불편함을 느꼈던 희석은 처음에는 연로하신 한의사분이 경력이 오래되었으므로 더 믿음이 갔다. 하지만 도통 낫지도 않고 고객 서비스도 기대 이하였다. 하지만 젊은 한의사가 경영하는 한의원은 뭔가가 달랐다. 환자의 이야기를 훨씬 더 잘 들어주었음은 물론 다양한 처방으로 목의 불편함을 덜어주었다. 더구나 앞의 한의원과는 비교도 되지 않을 정도로 친절했다. 이 같은 사실을 아는 사람은 희석뿐만이 아니었다. 앞의 한의원은 점차 고객이 줄어드는 반면에 뒤의 한의원은 대기와 예약이 필요할 정도로 고객들이 늘어났다. 샤크 강사는 희석의 이야기에 고개를 끄덕이며 말했다.

"저는 솔직히 '피터팬 증후군'에 걸린 사람이 가장 두렵습니다. 어떤 분야에서 오랫동안 일한 경력을 믿고 일을 맡겼다가 낭패를 보는 경우가 있거든요. 방금 말씀하신 한의원 이야기처럼 몸이 아파서 병원에 갔는데 병원 의사가 돌팔이 의사라고 생각해보세요. 세상 살면서 이처럼 위험한 상황이 있을까요?"

어떤 분야에서 일하면서 실력이 없다는 것은 생각보다 훨씬 더 심각한 상황을 초래할 수 있다. 실력이 없는 당사자의 문제에 국한되지 않고 그 일과 관련된 사람들, 특히 고객에게 불편함을 주거나 해를 끼칠 수 있기 때문이다.

희석은 곰곰이 생각해보니 '피터팬 증후군'이 남 이야기가 아니라는 생각이 들었다. 학교 다닐 때 공부를 못하는 것은 자신만의 문제일 수 있지만, 비즈니스 세상에서 실력이 없는 것은 사회 문제를 야기하는 일이다. 실력을 갖춘다는 것은 세상에 기여하는 것이며 동시에 세상에 민폐를 끼치지 않는 것이다.

"그렇다면 '피터팬 증후군'으로부터 벗어나는 방법은 어떤 것이 있을까요?"

"좋은 질문 해주셨습니다."

샤크 강사는 희석의 질문을 기다렸다는 듯이 포스트잇에 뭔가를
적기 시작했다.

☆ 피터팬 증후군을 극복하는 방법
다르거나 낫거나
(Different or Better)

"어떤 일을 할 때 항상 생각해야 하는 두 가지 키워드입니다. 늘 하
던 방식대로가 아니라 다르거나 나은 방법을 찾는 습관을 키우는 것
입니다."

"그러려면 무엇보다 지금 현재 자신의 일하는 방식이나 수준을 의
심하는 태도가 필요하겠네요."

"맞습니다. 자기만족은 곧장 '피터팬 증후군'으로 이어집니다. '이
정도면 됐지!' 하며 안주하는 모습이 가장 위험합니다. 뭔가 다른 거
나 나은 방법을 찾는 사람들은 공통적으로 만족이라는 것을 잘 모르
는 사람들입니다. 그래서 같은 방식으로 일하는 것을 싫어하죠. 다르
고 더 나은 방식을 추구하는 과정에서 자연스레 실력도 느는 겁니다."

희석은 순간 자신의 행동이 반성이 되었다. 회사에서 일을 할 때
그는 항상 이전에 했던 방식을 참고한다. 예를 들면 전년도에 이전
담당자가 만든 품의서나 결과보고서와 같은 문서를 참고하여 그대

로 일을 진행한다. 어떤 경우에는 단순히 연도와 날짜만 고쳐서 일을 진행한 적도 있었다.

"늘 같은 방식으로 일한다는 것은 가장 안전한 길을 선택하는 것입니다. 하지만 안전한 길은 성장과는 거리가 멀죠. 무엇보다 새로운 생각과 기술을 만날 수가 없습니다. 변화와 멀어지고 동시에 세상과도 동떨어지게 됩니다."

샤크 강사는 마치 희석의 생각에 쐐기를 박으려는 듯 강조해서 말했다.

고양이 익스퍼,
'성장'을 말하다

"지금 우리가 이야기하는 주제가 어쩌면 고양이 익스퍼에 관한 것이겠네요."

희석은 지난번 샤크 강사로부터 받았던 고양이 인형을 가리키며 말했다. 고양이 익스퍼는 지난번 멘토링 미팅에서 샤크 강사가 희석에게 주었던 인형이다. 고양이가 상징하는 것은 무엇일까? 먼저 앞에서 샤크 강사로부터 받았던 동물들에 대해 희석은 다시 한번 생각해보았다. 당나귀 퍼니는 '존중'을 상징한다. 강아지 로티는 '인정'을 상징한다. 수탉 보이스는 '원하는 일'을 상징한다.

"이제 척척이군요."

샤크 강사는 희석의 질문에 화답을 했다.

"네. 고양이 익스퍼를 처음 주실 때부터 직감했어요."

그렇다면 고양이는 어떤 특징을 갖고 있을까? 고양이는 집 안에서도 잘 사는 동물이지만 집 밖에서도 역시 잘 살아간다. 고양이를 키워본 사람은 이를 매우 잘 알 것이다. 고양이는 호기심이 많은 동물이다. 그리고 자유롭고 좁은 공간에 머물기보다는 삶의 영역을 확장하고자 하는 특성을 가지고 있다. 가끔 고양이를 잃어버리는 집사들이 있다. 바로 이러한 고양이의 호기심과 영역 확장 속성 때문이다. 더불어 고양이는 곳곳에 자신의 흔적을 남기고자 하며 누군가로부터 침범당하지 않는 자신만의 공간을 갖기를 원한다. 이러한 고양이의 속성은 조직에서 일하는 사람들의 마음속에 존재하는 하나의 중요한 욕구를 설명한다. 그것은 바로 '성장'의 욕구다.

"샤크 강사님은 익스퍼를 특히 좋아한다고 하셨는데 혹시 이유가 있나요?"

희석은 문득 샤크 강사가 고양이 익스퍼를 희석에게 건넬 때 했던 말이 떠올랐다.

"몰랐던 나 자신을 만날 수 있기 때문입니다. 스스로를 개발하다 보면 나 자신도 미처 몰랐던 '새로운 나'를 만나게 됩니다. 이전의 나의 모습으로는 잘 설명이 안 되는, 진화된 자기 자신이죠. 비유하자면 작은 씨앗이 커다란 나무가 되는 것일 수도 있고, 애벌레가 나비로 탄생하는 것과 같습니다. 게임으로 따지면 아주 희귀한 명품 아이템을 획득하는 것과도 같죠. 완전히 새로워진 나 자신을 만나는 것은 삶의 희열입니다."

성장한다는 것은 불완전한 존재에서 홀로서기가 가능한 완전한 존재로 거듭난다는 것을 의미한다. 살면서 지금보다 더 나아진 나의 모습을 만나는 일만큼 좋은 일이 또 있을까? 트레이닝을 통해 군살이 빠지고 근육이 많아지게 되면 자꾸만 거울 앞에 서서 달라진 자신의 모습을 감상하고 싶은 마음이 커지는 것처럼 말이다. 이뿐만이 아니다. 스스로를 성장시켜본 사람은 대체로 높은 자존감을 가지고 있다. 성장한 모습에 스스로를 대견하게 생각하고, 앞으로 더 성장하게 될 자신에 대한 긍정적인 기대를 가질 수 있기 때문이다. 결과적으로 삶의 전 영역에서 건강한 삶을 누릴 수 있게 된다.

홀로서기와
택배 박스

"성장하려면 무엇을 해야 할까요?"

희석의 질문에 샤크 강사는 잠시 생각에 잠기더니 희석에게 다시 질문을 던졌다.

"그 답은 고양이에게서 찾을 수 있습니다. 앞에서 말씀드린 것처럼 고양이는 삶의 반경을 넓혀가려는 본능을 가지고 있습니다. 그런데 집 안이라는 울타리에 갇혀 사는 고양이는 쉽게 야생 본능을 잃어버리게 됩니다. 분명 고양이인데 따져보면 진짜 고양이는 아닌 거죠. 울타리를 넘어서야 합니다."

희석에게는 왠지 울타리라는 말이 크게 들렸다. 자신이 소속되어 있는 조직도 하나의 울타리이기 때문이다.

"울타리를 넘어서라는 말씀이면… 설마 회사를 떠나야 한다는 말씀은 아니겠죠?"

희석은 농담 어린 말투로 질문했다. 샤크 강사는 손을 크게 저으며 말했다.

"그런 의도로 말씀드린 게 아닙니다. 그런 게 아니니 절대 오해하지 마세요. 제가 말씀드린 울타리는 '의존'이라는 이름의 울타리입니다. 뭔가에 의존하는 상태에서 벗어나야 합니다. 의존의 반대말은 '홀로서기'입니다. 스스로를 '홀로서기'가 가능한 수준으로 성장시켜야 한다는 이야기입니다."

희석은 샤크 강사가 말한 '홀로서기'라는 말을 묵묵히 생각해보았다. 무엇보다 자신이 현재 홀로서기가 가능한 상태인지 아닌지가 궁금했다. 그것을 쉽게 알 수 있는 방법이 있다. 샤크 강사는 다음의 두 가지 질문에 대해 답변해보라고 했다.

홀로서기
1. 당신의 분야에서 혼자 힘으로 멋있게 해낼 수 있는 일이 있는가?
2. 만약 있다면 그 일은 어떤 일인가? 그 일은 조직에 진정 도움이 되는 일인가?

"뼈 때리는 질문이네요. 순간 '택배 박스'가 떠올랐어요."

희석은 아픈 듯 가슴을 부여잡고 이맛살을 찌푸리며 말했다. 샤크 강사는 희석이 무엇을 말하려고 하는지 왠지 알 것 같았다. 하지만 그의 생각을 직접 좀 더 자세히 들어보고 싶었다.

"그게 무슨 말씀이시죠?"

"왜 있잖아요. 내용물에 비해서 부피만 큰 택배 박스! 대개 충전재로 가득 채워져 있죠. 그게 딱 제 모습 같은 생각이 들었어요."

우리는 '가짜 실력'을 조심해야 한다. 가짜 실력은 허울만 좋은 상태를 말한다. 누가 봐도 실력이 없는데 본인 스스로는 실력이 있다고 착각한다. 가짜 실력의 예는 다음과 같다.

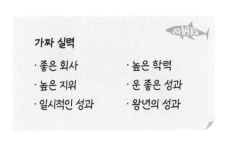

"저도 왠지 몇 가지 해당되는 것 같네요. 주변에 진짜 실력을 갖춘 사람이 과연 얼마나 있을까 싶네요."

"네. 사실 그리 많지 않습니다. 직장인이 가장 많이 하는 착각이 회사의 실력을 자신의 실력으로 착각하는 것입니다. 크고 좋은 회사에 다니는 사람일수록 더욱 그런 경향이 있습니다. 그만큼 성장을 위한 노력을 게을리하게 되는 거죠."

"무엇보다 자기 자신의 솔직한 모습을 잘 알아야겠네요."

"좋은 포인트입니다. 자기 자신에 대한 이해가 성장의 시작입니다. 의외로 이게 쉽지 않아요. 관련된 좋은 예가 있습니다. 학교 다닐 때를 잠깐 생각해보죠. 공부를 잘하는 학생과 못하는 학생은 분명히 구

분이 됩니다. 공부를 못하는 학생이 공부를 잘한다고 착각하는 일은 별로 없어요. 그 이유가 뭘까요?"

"그거야 시험을 보기 때문이 아닌가요? 시험 점수를 보면 확실히 실력을 알 수가 있죠."

샤크 강사는 희석의 말에 하이파이브를 건네며 말했다.

"빙고! 맞습니다. 혹시 '골목길 식당'이라는 프로그램 아시나요?"

"네. 제가 좋아하는 프로그램이에요."

"그 프로그램을 보다 보면 장사가 안 되는 식당의 공통적인 특성 한 가지는 확실히 알 수 있습니다. 혹시 그게 뭔지 아시나요?"

희석은 잠시 골똘히 생각에 잠겼다.

"글쎄요. 장사가 안 되는 식당의 공통적인 특성이라… 당연히 음식이 맛없다는 것 아닌가요? 맛이 없으니까 장사가 안 되겠죠."

샤크 강사는 빙긋이 웃으면서 말했습니다.

"물론 그것도 맞습니다. 그런데 그것보다 훨씬 더 심각한 문제가 있습니다. 그게 뭘까요?"

희석은 최근에 보았던 '골목길 식당' 프로그램을 떠올려보았다. 보면서 없던 암도 생길 것 같은 짜증과 스트레스를 느꼈다. 그 이유는 멘토로 참가한 백 대표와 식당 주인의 실랑이 때문이었다. 백 대표뿐만 아니라 프로그램에 참여한 여러 사람의 멀티 체크로 누가 봐도 문제가 많은 음식이었다. 하지만 식당 주인만큼은 자신의 음식에 문제가 없다며 고집을 부렸다. 식당 주인은 좀처럼 자신의 뜻을 바꿀 생각이 없어보였다.

"식당 주인이 피드백을 안 받아들이고 고집을 부리고 있었어요. 바꿀 의지가 없어 보이더라고요."

"네. 그렇다면 식당 주인이 고집을 부리는 이유는 무엇일까요?"

"그건… 식당 주인이 정말 모르는 것 같았어요. 어쩌면 저렇게 모를 수 있을까, 보는 입장에서 정말 답답한 느낌이었어요. 자기 스스로에 대해 객관적인 관점을 상실한 느낌이랄까요?"

사람은 스스로를 너그럽게 보는 '자기 관대화 경향'이 있다. 의외로 자신의 현재 수준에 대해 정확히 알지 못한다. 자신의 현재 수준에 대한 객관적 이해가 부족하다 보니 개선해야 할 문제를 인식하지 못하고 동시에 성장의 기회도 놓치고 마는 것이다.

자기 인식,
성장의 출발점

"제가 퀴즈 하나 내도 될까요?"

샤크 강사는 갑자기 뭔가 떠오른 듯 퀴즈 하나를 제안했다. 희석은 흥미진진한 표정으로 지으며 고개를 끄덕거렸다.

"야생동물들이 가장 두려워하는 물체가 한 가지 있습니다. 그것은 무엇일까요?"

"그거야… 당연히 자기보다 힘이 세거나 천적과 같은 사나운 동물이 아닐까요?"

"아니요. 제가 좀 더 힌트를 드리겠습니다. 이것은 생물이 아닙니다. 살아 있지 않은 물체입니다. 야생동물은 이 물체를 보면 두 가지 행동을 하는 경향이 있어요. 곧바로 달려들어 공격을 하거나 꼬리를 내리고 도망을 갑니다. 그런데 공격을 하더라도 이 물체를 절대 이길 수 없습니다. 절대 이길 수 없는 존재이기 때문이죠. 하지만 이것이 두려워 도망을 가면 두려움은 순식간에 사라집니다. 이 물체는 무엇일까요?"

희석은 아무리 고민해도 답을 알 수 없었다. 야생동물이 가장 두려워하는 물체! 과연 무엇일까?

"절대 이길 수 없는 존재라고요? 도망을 가면 두려움은 순식간에 사라지는 물체라고요? 뭔가 마법과 같은 느낌이 드네요. 어떤 절대자를 상징하는 것 같기도 하고. 아! 뭐지? 알 듯 모를 듯하네요."

희석은 머리를 긁적거리며 말했다.

"마법이나 절대자일 수도 있지만 별거 아닐 수도 있습니다. 제가 정답을 그냥 말씀드릴까요?"

"아뇨. 제가 맞혀보겠습니다. 좀만 생각하면 정답을 맞힐 수 있을 것 같아요."

희석은 전의를 불태웠다. 하지만 답이 생각나지 않으면서 점점 좀이 쑤셨다.

"혹시 힌트 하나 더 주실 수 있어요?"

"아마도 이 힌트를 드리면 금방 맞히실 거라고 생각합니다. 우리 생활 속에 존재하는 물건입니다. 하루에도 몇 번씩 쳐다보는 물건이거든요."

"하루에도 몇 번씩 쳐다보는 물건이라고요? 오늘도 제가 봤나요?"

"아마도 그랬을 겁니다."

희석은 또다시 생각에 잠겼다가 질문을 던졌다.

"이 근처에도 그 물체가 있나요?"

"그럼요. 도처에 흔하게 존재하는 물체입니다. 특히 아침에 가장 먼저 보게 되는 물건 중 하나입니다."

알쏭달쏭한 퀴즈였다. 하루에도 몇 번씩 쳐다보고, 특히 아침에 가장 먼저 보게 되는 물건이라… 과연 무엇일까? 한참을 생각하던 희석은 뭔가 떠오른 듯 무릎을 탁 쳤다.

"아! 정답을 알 것 같아요. 혹시… 거울 아닌가요?"

샤크 강사는 희석에게 하이파이브를 건넸다.

"맞습니다. 정답은 거울입니다. 동물들은 거울을 두려워합니다. 거울에 비친 자신의 모습을 자기 자신으로 생각하지 못하죠. 그러다 보니 황당하게 자신을 공격하는 존재라고 생각합니다."

희석은 스스로 퀴즈를 풀었다는 생각에 뿌듯함을 느꼈다. 그리고 한편으로는 갑자기 샤크 강사가 이 퀴즈를 낸 배경이 무엇인지 궁금해졌다. 이를 아는 듯 샤크 강사의 설명이 이어졌다.

"무릇 일이란 거울과도 같습니다. 일을 통해서 내가 어떤 사람인지를 잘 알고 깨닫게 됩니다. 특히 일을 하다 보면 자신이 잘하는 것과 못하는 것이 무엇인지 분명히 알게 됩니다."

동물들은 거울을 보면 본능적으로 공격을 하거나 도망을 간다. 거울 속에 비친 대상이 자신의 모습이라는 사실을 알지 못하기 때문이다. 코앞에서 두려움 없이 자신을 직시하는 동물만큼 두려운 존재가 있겠는가? 스스로를 알아보지 못하는 이 같은 모습은 우습기도 하고 동시에 슬프기도 하다.

어쩌면 이는 비단 야생동물들에게 국한된 모습만은 아닐 것이다. 우리는 일을 하고, 일이라는 거울을 통해 현실 속 리얼한 자신의 모습을 목격하게 된다. 그 속에는 엄청난 잠재력도 있고 극복해야 할 취약점도 있다. 재미있는 현상은, 좋은 모습은 찬찬히 보아도 보일까 말까 하다면, 나쁜 모습은 너무나도 쉽게 노출된다는 점이다. 일이 힘들게 느껴지는 진짜 이유는 아마도 이런 이유가 아닐까? 스스로의 취약점만 계속 보이는 상황일 수 있으니. 취약점이 드러나는 순간 누구나 두려움을 느낀다. 그리고 그것을 부정하고 싶은 마음이 생긴다. 결과적으로 일이라는 이름의 거울에 비친 자신을 피하고 외면하고 싶어진다. 만약 피하고 외면하면 그 순간에는 안전하게 느껴질지도 모른다. 마치 거울을 보고 도망간 동물처럼. 하지만 개선이 이뤄지지 않고 늘 같은 유형의 시행착오를 반복할 수밖에 없다.

일을 하다 보면 나 자신이 보인다. 이때 보이는 나 자신을 두 눈을 크게 뜨고 직시해야 한다. 있는 그대로의 솔직한 나 자신을 받아들여야 한다.

"'자기 인식'은 일이라는 이름의 거울에 비친 자기 자신을 직시하는 것입니다. 그리고 자신의 부족한 점을 깨닫는 것이고 동시에 자신이 무엇을 해야 하는지 아는 것입니다. 이런 이유로 자기 인식은 성장의 출발점이 됩니다."

샤크 강사는 포스트잇에 다음과 같이 기록했다. 그리고 희석에게 포스트잇을 건네며 물었다.

"혹시 희석 님은 어떠세요?"

샤크 강사는 희석이 '자기 인식'을 얼마나 잘하고 있는지 알고 싶었다. 희석은 고개를 좌우로 흔들며 말했다.

"음… 솔직히 잘 모르겠어요."

"자기 인식을 잘하고 있는지 못하는지 알 수 있는 아주 쉬운 방법이 있습니다. 그것은 스스로 자신이 무엇이 부족하고 무엇을 배워야 하는지를 직접 기록해보는 것입니다. 물론 지금 이 순간에 적을 수 있어야 합니다. 지금 한번 기록해보시죠."

샤크 강사는 포스트잇과 볼펜을 내밀었다. 희석은 샤크 강사가 건네준 볼펜을 받아들었다. 그런데 막상 기록하려고 하니 머릿속에 떠오르는 게 없었다. 그마나 떠오르는 것에도 확신이 서질 않았다.

"꼭 기록해야 하나요?"

"네. 기록해보는 것이 매우 중요합니다. 기록하지 못한다는 것은 애매한 상태라는 것을 의미하거든요. 실제 자기 인식의 수준이 높은 사람은 자신이 부족하거나 배워야 할 것을 기록하는 데 어려움을 느끼지 않습니다."

희석은 다시금 뭔가 적어보려다가 이내 곧 펜을 바닥에 내려놓고 말았다.

"잘 안 적어지네요."

희석은 낙담 어린 표정을 지었다. 한편으로는 스스로 뭐가 부족한지조차 알 수 없다는 사실이 부끄럽기도 했다.

"너무 실망하실 필요는 없습니다. 누구라도 쉽게 적지 못할 겁니다. 평상시 자기 자신에 대해 깊이 생각해보지 않는 한 말이죠. 제가 도움을 좀 드리고 싶네요. 이걸 한번 참고해보세요."

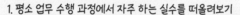

자기 인식을 손쉽게 하는 6가지 방법

1. 평소 업무 수행 과정에서 자주 하는 실수를 떠올려보기
2. 늘 어렵다고 생각하는 업무 떠올려보기
3. 자신이 기피하는 업무 떠올려보기
4. 자신을 잘 아는 사람에게 피드백을 요청하기
5. 요즘 자신의 분야에서 뜨는 트렌드 찾아보기
6. 자신의 직무 분야에서의 롤모델과 자신을 비교해보기

샤크 강사는 포스트잇에 '자기 인식을 손쉽게 하는 방법'을 하나씩 적어 건넸다. 내용이 많아서 시간이 한참 걸렸다. 희석은 샤크 강사로부터 건네받은 포스트잇을 찬찬히 읽어보았다.

"저는 특히 3번의 방법이 도움이 되네요. 내용을 보자마자 머릿속에 떠오르는 게 있어요."

"그게 뭐죠?"

샤크 상사는 호기심 어린 눈으로 희석을 바라보았다.

"저는 인터뷰 스킬을 키워야 할 필요가 있어요. 마케터로서 고객의 니즈를 파악하는 게 무엇보다 중요한데 그러려면 인터뷰를 잘해야 하거든요. 저는 늘 그 일을 기피하는 경향이 있었어요. 성격이 내성적이어서 사람 만나는 걸 좀 힘들어해서요."

샤크 강사는 매우 흡족한 듯 고개를 끄덕거렸다. 샤크 강사는 희석이 너무나 마음에 들었다. 여러 멘티를 만나보지만 희석처럼 적극적으로 학습하는 사람도 흔하지 않기 때문이다.

"그럼 이다음에는 무엇을 하면 좋을까요?"

샤크 강사는 희석이 자신의 생각을 계속 이어갈 수 있게 질문을 던졌다.

"저는 인터뷰 스킬을 늘려야 하니까… 인터뷰 스킬을 향상시킬 수 있는 책을 읽거나 교육을 받아야겠어요."

"좋은 생각이네요. 독서나 교육은 실력을 키우기 위한 굉장히 좋은 방법입니다. 가장 많이 사용하는 방법이기도 하죠. 그것보다 훨씬 더 좋은 방법이 있습니다. 그것은 무엇일까요?"

희석은 잠시 고민해보았다. 답변은 어렵지 않게 찾을 수 있었다.

"그 일을 직접 해보는 것이겠죠. 저 같은 경우에는 고객과의 인터뷰를 할 기회가 있을 때마다 피하지 않아야겠네요."

샤크 강사는 고개를 좌우로 저으며 말했다.

"피하지 않는 수준으로는 곤란합니다."

"무슨 말씀이신지 잘 알겠어요. 좀 더 적극적이어야 한다는 말씀이시죠?"

"네. 피하지 않는 정도가 아니라 없는 기회도 만들어 하는 수준이 되어야 합니다. 적극적으로 그 일에 뛰어들어야 합니다. 또한 이렇게 한번 도전한 일에 대해서는 중간에 포기하지 않고 끝까지 해내는 끈기도 필요합니다. 주변을 보면 뭔가에 도전하는 사람은 매우 많습니다. 하지만 끝까지 해낸 사람은 극히 드물죠. 기피하던 일이기도 하고 도전의 과정이 고통스럽기 때문에 중도에 포기해버릴 가능성이 아주 높거든요."

샤크 강사는 희석에게 공식을 하나 보여줬다.

성장 = 자기 인식 × 없는 기회도 만드는 도전 × 끝까지 해내는 끈기

"성장은 세 가지 요소로 구성되어 있습니다. 앞에서 말씀드린 것처럼 '자기 인식'이 있어야 합니다. 자신에게 무엇이 부족하고 무엇을 배워야 하는지 아는 것이죠. 다음으로는 평소 힘들거나 기피하기 쉬운 일에 과감히 도전을 해야 합니다. 마지막으로 그것을 포기하지 않고 끝까지 하는 끈기가 필요합니다. 이 세 가지 성장의 구성 요소는 곱하기 관계입니다. 하나라도 제대로 되지 않으면 성장 자체가 어려워집니다. 재미있는 것 하나 보여드릴까요?"

샤크 강사는 얼굴에 미소를 띠며 희석에게 표를 하나 보여줬다.

희석은 샤크 강사가 보여준 표를 하나하나 짚어가며 유형을 살펴보았다.

성장의 여섯 가지 유형

자기 인식	도전	끈기	유형
O	O	O	일취월장(성장)
O	O	X	작심삼일
O	X	X	의지박약
X	O	X	허장성세
X	X	O	노이무공
X	O	O	시행착오
X	X	X	자아도취 또는 자포자기

"여기 맨 마지막에 '자아도취'와 '자포자기'가 함께 있는데 이건 어떤 의미죠?"

"아! 그 질문을 하실 줄 알았어요. '자아 인식' '도전' '끈기'의 세 가지 성장의 구성 요소가 하나도 채워지지 않은 유형인데… 대체로 이런 유형은 자아도취와 자포자기의 두 가지 유형으로 나뉘게 됩니다. '자아도취'는 자신의 현재 수준에 너무 만족해 있는 유형입니다. 그래서 그 어떤 성장의 노력도 하지 않게 되죠. 그리고 '자포자기' 유형은 말 그대로 스스로를 포기한 사람입니다. 자신의 성장에 관심 자체가 없고 그렇다 보니 역시 관련된 노력도 하지 않습니다."

"'자아도취' 유형이 어쩌면 다른 사람의 눈에는 '자포자기'로 보일 수도 있겠어요."

"그렇습니다. '자아도취'는 '자포자기'와 완전히 다른 말 같지만 결과적으로는 같은 말이라고 볼 수 있습니다."

"여기 두 번째 유형인 '작심삼일' 유형이 가장 비율이 높을 것 같아요."

"아마도 '작심삼일' 유형은 전 세계의 모든 사람에게 해당되는 유형일 겁니다. 제 주변에 '작심삼일'이 아닌 사람을 별로 본 적이 없어요. 저 역시도 아주 오랫동안 '작심삼일'이었답니다. 특히 연초에는 모두가 '작심삼일'이죠."

"'허장성세' 유형은 어떤 건가요?"

"'허장성세' 유형은 '자기 인식'에 취약한 유형입니다. 밑도 끝도 없이, 즉 자기 자신에 대한 이해 없이 그저 좋아 보이는 또는 세상에 유행하는 뭔가에 도전한다고 허세를 떨고 금세 제풀에 포기해버리는 유형이기도 하죠."

희석은 머리를 긁적거렸다.

"여기 보면 '노이무공'과 '시행착오' 유형도 있는데 왠지 안타까워 보이네요."

"왜죠?"

"노이무공, 노력하는 만큼 효과를 보지 못하는 유형이잖아요. 학교 다닐 때 공부는 열심히 하는데 성적이 안 오르는 친구가 생각나네요."

"그렇죠. 자기 인식이 뒷받침되지 못한 상태에서의 도전과 끈기는 안타깝게도 별 실익이 없는 경우가 많습니다. 하지만 '시행착오' 유형은 좀 안타깝고 답답해 보이기는 하지만 마냥 나쁜 것만은 아니라고 생각합니다. 이 유형은 어떤 분야에 도전하여 그것을 끝까지 수행하는 유형입니다. 하지만 매우 비효율적이죠. 이런 유형이 어느 순

간 달라지기도 합니다. 시행착오를 통해 강력한 자각이 이뤄지는 경우가 있어요. 다른 말로 하면 '자기 인식'이죠. 이렇게만 된다면 단기적으로는 '시행착오' 유형이지만 장기적으로는 멋진 성장을 이뤄내는 '일취월장' 유형으로 바뀔 수 있습니다."

"세 번째의 '의지박약' 유형은 어떤 사람인가요?"

"네. 어쩌면 마음고생이 가장 심한 유형이 '의지박약' 유형일 겁니다. 풀어 말하면 뭔가 눈에 보이는 건 있는데 그것을 행동으로 옮기지 않는 유형입니다. 이 유형은 본인 스스로에 대해 너무나 잘 알고 있습니다. 늘 스스로 부족하다고 생각합니다. 하지만 관련해서 아무런 노력을 하지 않죠. 자신의 생각과 행동 사이에서 불일치가 일어나게 되는 거죠. '작심삼일'을 많이 하다 보면 자연스레 '의지박약' 유형이 될 가능성이 높습니다. 그리고 장기적으로는 '자포자기' 유형이 되는 거죠. '자기 인식'을 버리거나 포기함으로써 말입니다."

희석은 그 말에 간절하게 되물었다.

"샤크 강사님, '의지박약' 유형에서 벗어나려면 어떻게 해야 하나요? '의지박약'이 저한테 딱 어울리는 말이 아닌가 싶네요. 뭔가를 시도하려고 하지를 않아요. 머릿속으로 이것저것 재느라 시간만 보내버리는 일이 많았어요. 항상 주저하고 뭔가에 쉽게 뛰어들지를 못합니다. 뛰어든다 한들 마무리를 잘 짓지 못하는 경향이 있어요. 예를 들면 퇴근 후 학원을 끊어도 끝까지 다녀본 적이 별로 없어요. 책을 사도 앞부분만 조금 읽다가 마는 일이 대부분이고요. 운동도 늘 해야 한다는 마음은 있는데 행동으로는 잘 안 옮겨집니다. 새해 결심을 해도 결심한 날뿐이에요. 얼마 지나지 않아 결심 자체를 금방 잊어버리는 경우가 대부분입니다."

"그러시군요. 참고로 저는 '의지박약' 유형을 나쁘게 생각하지 않습니다. '자기 인식'이 이뤄졌다는 측면에서 성장을 위한 첫 번째 중요한 관문을 이미 통과한 사람입니다. 누구보다도 가능성이 큰 사람이죠. 그런데 좀 답답해 보입니다. 마치 달리기 경주에서 스타팅 라인에 서 있긴 한데 뛰지 않고 있는 모습이라 할 수 있죠. 왜 뛰지 않을까요?"

"두려움 아닐까요? 미리부터 겁을 먹는 거죠. 중도에 포기해버리면 어쩌나 하는. 과거에 도전했다가 중도에 포기했던 경험들도 한몫할 것 같습니다. 한편으로는 눈앞의 급한 일 때문에 우선순위에서 밀려 뒤로 미루는 성향도 있을 테고요."

샤크 강사는 희석의 말을 계속 받아 적었다. 그리고 적은 내용을 직접 소리 내어 읽었다.

도전을 못 하는 이유

· 미지의 세계에 대한 두려움
· 중도에 포기해버릴 것 같은 걱정
· 과거의 도전 실패 경험
· 눈앞의 급한 일로 인한 뒤로 미루기

"내용이 너무 좋네요. 완벽합니다."

희석은 내용도 내용이지만 자신의 말을 글로 받아 적어주고 나아가 그것을 읽어준 샤크 강사의 행동에 쑥스러움과 함께 고마움을 느꼈다. 어쩌면 별것 아닐 수 있는 작은 행동이지만 이 작은 행동으로 인해서 자신의 의견이 진심으로 존중받는다는 느낌을 받았다.

몬스터를
이겨내는 법

"'자기 인식'이 이뤄지고 나면 자연스레 변화의 타깃을 만나게 됩니다. 그런데 그것이 너무 엄청나게 부담스럽다는 것이 문제입니다. 저는 그래서 이것을 몬스터라고 말하기도 합니다."

"몬스터라고요?"

희석의 질문에 샤크 강사는 계속 설명했다.

"네. 분명히 공략하고 이겨내야 하는데 너무 무섭고 부담스러워서 쉽게 도전할 엄두를 못 내기 때문에 몬스터라고 표현했습니다."

"딱 맞는 표현인 듯합니다. 그럼 몬스터를 제대로 공략할 수 있는 방법을 찾아야겠네요."

"그렇죠. 제가 몬스터를 제압할 때 주로 사용하는 한 가지 방법을 알려드릴까요?"

희석은 고개를 끄덕이며 샤크 강사의 말에 귀를 기울였다.

"바로 몬스터의 급소를 노리는 방식입니다. 다시 말하면 '한 입 거리 행동'이라고도 하죠."

"몬스터의 급소를 노린다고요? '한 입 거리 행동'?"

"네. 덩치가 큰 몬스터일수록 급소를 노려야 승리할 가능성이 높아지겠죠. 몬스터의 급소의 다른 말은 '한 입 거리 행동'입니다. 아주 작은 핵심 행동을 말합니다."

"혹시 예를 들어주실 수 있을까요?"

"쉬운 예를 들어볼까요? 앞에서 희석 님께서 고객 인터뷰 스킬을 키워야 한다고 말씀하셨죠?"

"그렇습니다."

"그럼, 그걸로 하는 게 좋겠네요. '고객 인터뷰 스킬'은 사실 너무 덩어리가 큽니다. 부담스러운 몬스터라고 할 수 있죠. 아마도 지금까지 이 몬스터에게 고통을 많이 당하셨을 겁니다. 몬스터를 공략하려면 몬스터 전체가 아니라 그것을 분석하여 가장 취약한 급소를 찾아야 합니다."

샤크 강사의 말에 희석은 고개를 갸우뚱했다. 왠지 알 듯 모를 듯했다.

"좋습니다. 그럼 같이 대화를 통해 '고객 인터뷰 스킬'이라는 몬스터를 분석해보겠습니다. 고객 인터뷰 스킬을 키우려면 평소에 어떤 노력을 하면 좋을까요?"

희석은 샤크 강사의 질문을 듣고 잠시 고민하더니만 하나씩 말하기 시작했다.

"뭐… 고객에게 필요한 정보를 얻어야 하니까 질문을 제대로 해야 할 것 같고요. 고객의 생각을 잘 이해해야 할 것 같습니다. 고객은 자기중심적이고 바빠서 늘 불완전하게 자기 생각을 전하는 경향이 있기 때문이죠. 더불어 자의적인 해석을 해서도 안 되니까요. 그리고 고객의 생각을 잘 경청해야 할 것 같습니다. 또 … 무엇보다 제가 먼저 고객에게 찾아가는 태도도 있어야 할 것 같습니다. 고객이 먼저 와서 말해주지 않을 테니. 뭐 이런 것들이 아닐까요?"

샤크 강사는 그새 희석이 한 말을 다 적고 있었다.

고객 인터뷰 스킬
· 제대로 된 답변을 듣기 위한 제대로 된 질문하기
· 자의적인 해석 없이 고객의 생각을 정확히 알아듣기
· 고객의 의견을 경청하기
· 고객에게 먼저 찾아가기

"와우~ 제가 이렇게 멋진 생각을 말했나요?"

희석은 볼 때마다 샤크 강사의 능력이 놀랍게 느껴졌다. 그는 자신이 한 말을 매우 정확하게 정리하는 능력을 가지고 있었다. 희석에게 샤크 강사의 이런 모습은 매우 닮고 싶은 모습이었다. 그리고 샤크 강사가 자신과의 대화 과정에서 자연스럽게 하고 있는 활동이 고객 인터뷰 스킬과도 연관된 것이라는 생각이 들었다.

"한 가지 더 추가할게요. '고객의 생각을 글로 정리하여 고객에게 보여주기'."

"좋습니다. 하나 더 추가하도록 하죠."

그렇게 해서 '고객 인터뷰 스킬'은 다음과 같은 다섯 가지로 정리되었다.

고객 인터뷰 스킬
· 제대로 된 답변을 듣기 위한 제대로 된 질문하기
· 자의적인 해석 없이 고객의 생각을 정확히 알아듣기
· 고객의 의견을 경청하기
· 고객에게 먼저 찾아가기
· 고객의 생각을 글로 정리하여 고객에게 보여주기

"이것만 공부하면 되겠네요. 구체적으로 적어놓고 보니까 제가 무엇에 집중해야 할지 잘 알 것 같아요!"

샤크 강사는 희석이 좋아하는 모습을 보며 더불어 기분이 좋아졌다. 과연 대화를 통해 뭔가를 함께 탐구하는 과정이야말로 최고의 학습 방법임에 틀림없다.

"희석 님, 아직 안 끝났습니다. 여기까지는 몬스터를 분석한 것에 불과합니다. 이걸 다 하려면 이 역시 몬스터가 되고 말 겁니다. 몬스터의 급소를 찾아야 합니다. 다시 말하면 희석 님은 이 가운데서 희석 님에게 가장 적합한 '한 입 거리 행동'을 선택하셔야 합니다. 부담스럽지 않으면서 효과가 큰 것을 선택하면 가장 좋습니다."

희석의 눈이 반짝거렸다.

"저는 이미 정했어요. 몬스터의 급소를 찾았습니다. 보자마자 딱
눈에 띄네요. 바로 세 번째 입니다. '고객의 의견을 경청하기'. 이게
좋겠어요."

'한 입 거리 행동'은 우리가 뭔가에 도전할 때 부담을 덜어내는 방
식이다. 동시에 중도에 포기하는 실패를 줄일 수 있는 방법이기도 하
다. 지금 당장 부담 없이 손쉽게 실천할 수 있는 작은 사이즈의 행동
을 하나 정해서 그것을 먼저 꾸준하게 실천하는 것이다. 가령 건강
에 관심이 있는 사람에게 한 입 거리 행동은 '저울을 가까이에 놓고
몸무게를 매일 측정하기'와 같은 내용이 될 것이다. 한 입 거리 행동
이 효과적인 이유는 지속적으로 실천을 가능하게 한다는 점이고 시
간이 지나면 자연스레 몸에 익어 차후에 좀 더 큰 덩어리의 '두 입 거
리 행동'에 관심을 갖게 되고 받아들일 수 있게 된다는 점이다. 예를
들면 평소에 몸무게를 꾸준히 재는 사람은 시간이 지나면 가벼운 운
동을 하게 될 가능성이 매우 높아진다.

SHARK

몬스터의 급소, '한 입 거리 행동'의 선택 기준

부담 없이 실천할 수 있는 행동
+
확실히 도움이 되는 것

"혹시 멘토님에게도 몬스터가 있나요?"

"저에게는 강의라는 일이 몬스터입니다. 직업으로 하는 일임에도 불구하고 늘 어려운 일이죠. 항상 새로운 콘텐츠가 필요합니다. 세상의 변화가 너무 빨라서 입에 붙은 익숙한 콘텐츠가 계속 구식이 되어가고 있어요. 고객은 늘 새로운 것을 요구하거든요. 그래서 저 역시 강의라는 몬스터의 급소를 노려야 합니다. 제가 선택하는 저의 '한 입 거리 행동'은 '카페에 가는 것'입니다. 그리고 카페에서 글을 씁니다. 떠오르지 않을 때는 단 한 줄이라도 뭔가 쓰려고 노력합니다. 어쩌다 운이 좋으면 서너 페이지의 콘텐츠가 탄생하는 경우도 있습니다. 이런 과정을 통해 제가 가지고 있는 콘텐츠를 새롭게 구성할 수 있게 됩니다."

"엄밀히 말하면 '카페에 가는 것'이 아니라 '글을 쓰는 것'이 멘토님의 '한 입 거리 행동' 아닌가요?"

"정확히 보셨네요. 엄밀히 말하면 그렇죠. 그런데 '글을 쓰는 것'이라고 말하면 그 자체도 역시 저에게는 몬스터입니다. 너무 부담스럽고 힘든 일이죠. 하얀 종이에 글을 채워 넣는 전투를 해야 합니다. 생각만 해도 머리가 아파와요. 그래서 좀 더 마음 편하게 받아들일 수 있는 가볍고 손쉬운 표현을 사용하는 것입니다. '글쓰기' 대신에 '카페에 가는 것'이라고 표현하면 일이 아니라 놀거나 휴식을 취하는 것처럼 느껴집니다. 하지만 일단 카페에 가면 글을 자연스럽게 쓰게 되는 거죠."

"와~ 그거 엄청 좋은 방법이네요. 그렇게 표현하니 무시무시한 몬

스터가 아주 귀여워진 느낌이 듭니다. 그렇게 좋은 방법을 왜 말씀
안 해주셨어요? '한 입 거리 행동'을 멘토님처럼 좀 더 귀엽게 표현
하면 보다 편하게 실천할 수 있을 것 같아요. 저도 그렇게 해봐야겠
어요. 그럼 제가 앞에서 정한 '고객의 의견을 경청하기'는 어떤 식으
로 표현을 바꾸면 부담이 덜어질까요?"

"한번 직접 아이디어를 떠올려보시는 편이 더 좋겠네요."

샤크 강사는 희석에게 포스트잇과 볼펜을 내밀었다. 희석은 잠시
생각에 잠기더니 이내 곧 자신의 생각을 기록하기 시작했다.

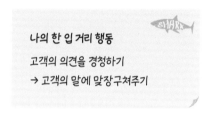

나의 한 입 거리 행동
고객의 의견을 경청하기
→ 고객의 말에 맞장구쳐주기

"샤크 강사님! 어떠세요? 이렇게 하면 될까요?"

"이 행동이 희석 님에게 확실히 도움이 된다고 생각하시는 거죠?"

"넵. 제가 가장 취약한 점입니다. 저는 늘 제 생각을 자꾸 말하고
자 하는 경향이 있거든요."

"네, 무엇보다 희석 님의 생각이 가장 중요합니다. 제가 봐도 한결
부담이 덜한 표현이네요. 더구나 고객이 자신의 의견을 말하는 상황
에서 무엇을 해야 할지 보다 명확하게 정리한 듯합니다. 말씀대로 몬
스터가 많이 귀여워졌어요."

희석은 새롭게 정의된 자신의 '한 입 거리 행동'이 마음에 들었다.

조금만 신경 쓰면 쉽게 실천할 수 있는 행동이어서 더욱 그랬다. 이와 같은 방법을 자신의 실력 향상과 관련된 다른 영역에서도 적용하면 큰 효과를 거둘 수 있을 거라는 생각에 왠지 뿌듯했다.

희석의 멘토링 네 번째 노트

1. 학습 주제
피터팬 증후군 극복하기

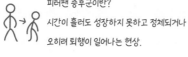
피터팬 증후군이란?
시간이 흘러도 성장하지 못하고 정체되거나
오히려 퇴행이 일어나는 현상.

· 최고의 성장 방법은 일을 하는 것이다.
· 일은 거울과도 같이 자신의 현재 수준을 명확히 알려준다. 하지만 어떤 일을 오래
  한다고 해서 실력이 자연스레 느는 것이 아니다.
· 익숙함/편안함의 울타리(내면+외부)로부터 벗어나야 한다.
· 나의 성장에 대한 책임은 결국 나 자신이다.
· 성장=자기 인식+도전+끈기
· 몬스터의 급소. 한 입 거리 행동=부담이 작고 효과가 높은 행동

----

2. 관련 실천 행동
· 나를 객관적인 시각으로 바라보기
  (일하면서 자신이 항상 반복하는 실수나 하기 싫어하는 일 찾아보기, 주변 사람들로
  부터 나에 대한 피드백 받기 등)
· 한 입 거리 행동을 찾아 꾸준히 실천하기

6장

다시, 새로운 바다로

멘토링 프로그램을
마치고

"자, 지금부터 멘토링 프로그램 결과 공유 시간을 갖겠습니다."

HR 담당자가 프로그램의 시작을 알리는 안내 멘트를 하고 있다. 오늘은 연초에 있었던 승진자 프로그램의 후속 과정으로 5개월간 진행되었던 멘토링 프로그램의 결과를 공유하는 날이다. 알다시피 희석은 올해 승진자로 금번 프로그램의 참가자다. 참가자들은 승진자 교육 참가 후 5개월 동안 자율적으로 멘토를 선정하고 멘토를 통해 학습을 하는 멘토링 프로그램을 진행하였다. 어느덧 시간이 지나 각자 학습한 결과물을 다른 참가자들과 공유하는 날이 된 것이다. 희석은 오늘의 발표를 준비하기 위해 공을 많이 들였다. 처음 멘토링 프로그램을 안내받았을 때 그저 귀찮기만 했고 대충 때우려고 하는 마음이 컸지만 지금은 그때와는 달리 가장 열정적인 모습이다. 그만큠 멘토와의 만남을 통해 스스로 돌아볼 수 있는 시간을 많이 가졌기 때문일 것이다. 연초만 해도 희석은 원인 모를 혼란과 갈등으로 마음이 지쳐 있었다. 그리고 그러한 혼란과 갈등의 원인도 몰랐고 그것이 어디에서부터 오는 것인지도 몰랐다. 그저 하루하루가 출근하기 싫었고 앞으로도 계속 이러한 생활을 반복해야 한다는 것이 생각만 해도 끔찍했다. 그렇기에 그저 어디론가 떠났으면 하는 마음밖에는 없었다.

"저는 '내면적 자기퇴직 증후군'에 걸려 있었습니다."

발표자로 나선 희석은 화이트보드에 '내면적 자기퇴직 증후군'이라는 말을 크게 적어 넣었다. 참가자들은 잠시 고개를 갸우뚱하더니만 약속이나 한 듯 이내 곧 웃음을 빵 터트렸다. '내면적 자기퇴직 증후군', 설명을 듣지 않아도 그 내용이 무엇인지 직감할 수 있었기 때문이다.

"'내면적 자기퇴직 증후군'은 실제로 퇴직을 한 건 아니지만 마음은 이미 회사를 떠난 상태를 의미합니다. 일종의 좀비와 같다고 할까요?"

희석의 발표는 시작부터 참가자들의 눈을 사로잡기에 충분했다. 주제 자체가 희석에게만 국한되는 내용은 아니었기 때문이다. 발표내용은 샤크 강사와 함께 그간 자신이 경험하고 깨달았던 내용이 주를 이뤘다. 희석은 내면적 자기퇴직 증후군의 주요 원인을 다음 네 가지로 정리하여 설명했다.

"여러분이 혹시 현재 '내면적 자기퇴직 증후군'을 느끼고 있으시

'내면적 자기퇴직 증후군'의 네 가지 원인

진단명	주요 원인	
내면적 자기퇴직 증후군	그 인간 증후군	누군가로부터 존중받지 못하거나 괴롭힘을 당하는 증상
	윗사람 울렁증	윗사람 등 자신보다 강한 힘이나 권력을 가진 사람과 함께 일하는 것을 불편해하거나 어려워하는 증상
	파랑새 증후군	자신이 진정 원하는 일이 어디엔가 따로 존재할 것이라 믿는 증상
	피터팬 증후군	시간이 지나도 성장하지 못하고 정체되거나 퇴행이 일어나는 증상

다면 그 원인은 무엇이라고 생각하십니까? 본 자료를 참고하여 의견을 나눠보시기 바랍니다."

희석은 이 질문을 던지고 참가자들이 조별로 대화를 나눠보도록 했다. 조별 토론에서 참가자들의 반응은 매우 뜨거웠다. 사람은 자신의 현실적인 고민에 대해서는 저마다 하고 싶은 말이 있는 법이다. 조별 토론에서 참가자들의 의견은 다양하게 갈렸다. 어떤 참가자는 자신이 '그 인간 증후군'을 경험하고 있다고 했다. 자신을 괴롭히는 그 인간만 없다면 회사 생활이 한결 행복해질 것이라는 말을 하며 우울해했다. 또 어떤 참가자는 '윗사람 울렁증'을 느끼고 있다고 했다. 어쩐 일인지 윗사람이 자신을 호출하면 몸이 경직되고 혀가 굳어버리는 느낌이 든다고 했다. 또 어떤 참가자는 '파랑새 증후군'을 느끼고 있다고 했다. 현재 회사에서 자신이 하고 있는 일이 정말 지긋지

굿해서 빨리 벗어나고 싶다고 했다. 하지만 어떤 일을 해야 할지 그리고 어떤 일을 하고 싶은지 알지 못해 마치 자신이 늪에 빠져 허우적거리는 느낌이 든다고 했다. 어떤 참가자는 자신이 '피터팬 증후군'에 시달리고 있다고 했다. 왠지 시간이 지나면서 점점 바보가 되어가는 느낌이 든다고 했다. 너무 정체된 느낌이 들어 야간 대학원에라도 가야 하는 게 아닌가 하며 고민을 하고 있다고 했다.

그런데 참가자들은 저마다 자신의 힘든 점을 이야기하면서 매우 특이한 경험을 하게 되었다. 서로의 이야기를 들으면서 중간중간 '어, 나도 그런데?'라는 말이 자연스럽게 터져나오는 것이다. 다시 말하면 자신만의 고민인 줄 알았는데 그것이 누군가의 고민이기도 하고, 동시에 누군가의 고민이 자신의 고민과 매우 흡사했다.

내 마음속의 네 동물,
누구를 보살펴야 할까?

"저는 네 가지 증상을 모두 가지고 있는 것 같은데⋯ 이건 심각한 거죠?"

맨 앞에 앉아 있던 한 참가자가 수줍은 듯한 목소리로 말했다. 말이 떨어지기가 무섭게 전체 참가자들이 웃음을 터뜨렸다. 심각한 상황에서 다 같이 웃는다는 것은 뭔가 이심전심이 느껴졌기 때문일 것이다. 희석은 그에게 다가가 하이파이브를 건네며 말했다.

"저도 마찬가지입니다. 그리고 우리 가운데 이런 분들이 적지 않을 거라 생각합니다. 우리는 대체로 이 네 가지 증상을 모두 가지고 있습니다. 크고 작은 차이는 있겠지만 우리는 이 네 가지 증상을 모두 경험할 가능성이 높습니다. 왜냐하면 우리는 조직이라는 사회에서 존재하기 때문입니다. 그리고 그 속에서 사람을 만나고 일을 하는 것은 모두 같기 때문입니다."

희석의 발표를 듣던 한 참가자가 손을 들고 질문을 했다.

"혹시 네 가지 증상을 좀 더 쉽게 이해할 수 있나요? 네 가지가 좀 많은 듯해서요. 서로 유사한 점도 있는 것처럼 보이기도 하고요."

"네, 아주 좋은 질문을 해주셨습니다. 마침 제가 말씀드리려고 하는 내용이었습니다. 굳이 따져보면 '사람 측면'과 '일 측면'으로 구분할 수 있습니다. '그 인간 증후군'과 '윗사람 울렁증'은 사람과 관련된 증상이고, '파랑새 증후군'과 '피터팬 증후군'은 일과 관련된 증상이라고 말씀드릴 수 있겠습니다."

희석은 이렇게 말하고는 다음의 슬라이드를 참가자들에게 보여주었다.

"여기에 제시된 내용을 보면서 스스로 평가해보고 그래프에 체크해보세요. 그리고 어떤 증상이 가장 심한지에 대해 생각해보시기 바랍니다."

참가자들은 질문에 답하고 그래프를 그리는 과정에서 자신이 어떤 증상을 가지고 있는지 손쉽게 확인할 수 있었다.

"여러분이 만약 '내면적 자기퇴직 증후군'을 겪고 계신다면 가장 먼저 본인의 증상과 원인을 이해하는 것이 중요합니다. 그래야만 제대로 된 처방을 할 수 있기 때문입니다."

한 참가자의 질문이 날아들어 왔다.

"그렇다면 각 증상을 해결하는 방법 같은 것이 있나요?"

희석은 참가자의 질문이 아주 마음에 들었다. 샤크 강사를 만나면

자신의 원인·증상을 파악할 수 있는 질문

구분		내용	점수 그렇지 않다 ←——→ 그렇다						
사람 관련 증상	그 인간 증후군	· 일터에서 나를 무시하거나 괴롭히는 사람이 있다. · 누군가 때문에 많이 힘들다.	1	2	3	4	5	6	7
	윗사람 울렁증	· 윗사람을 만나면 심리적으로 위축이 된다. · 윗사람에게 잘 다가가지 않는다. · 윗사람을 만날 때 그 앞에서 나의 생각을 편하게 말하는 데 어려움을 느낀다.	1	2	3	4	5	6	7
일 관련 증상	파랑새 증후군	· 현재 수행하는 직무에서 벗어나고 싶다. · 나에게 잘 맞는 다른 일이 있을 것이다.	1	2	3	4	5	6	7
	피터팬 증후군	· 실력이 정체되어 있는 느낌이다. · 딱히 내세울 만한 잘하는 일이 없다.	1	2	3	4	5	6	7

서 자신이 늘 했던 질문이었기 때문이다. 희석은 자신의 고민이 자신에게만 국한되는 고민이 아니라는 걸 다시 한번 느꼈다. 희석은 목소리에 힘을 주어 다음과 같이 질문에 답했다.

"그것은 여러분의 마음속 네 가지 동물에 대해 관심을 갖고 보살피는 것입니다."

희석이 어떤 동물을 소개할 것인지는 아마도 잘 알 것이다. 바로 '당나귀 퍼니', '강아지 로티', '수탉 보이스', 그리고 '고양이 익스퍼'

였다. 희석은 네 동물을 슬라이드에 띄워 보여주며 다음과 같이 말했다.

"여러분의 마음에는 네 가지 동물이 살고 있습니다. 이 네 가지 동물은 여러분이 조직 사회에서 일하고 생활하는 과정에서 마음속에 자연스럽게 존재할 수밖에 없는 동물들입니다. 여러분이 이 동물들을 의식하지 않는다면 이 동물들은 여러분의 마음속에서 아프거나 죽어가게 될 것입니다. 그리고 조직 생활이 불편해지거나 힘들어지는 상황이 발생할 수 있습니다."

"각각의 동물들이 상징하는 것은 무엇인가요? 동물로 표현한 것에 무슨 이유가 있을 것 같은데요. 어떤 욕구 같은 것을 상징하나요?"

"네, 정확합니다. 네 가지 동물들은 조직에서 일하는 우리 마음속에 존재하는 욕구를 뜻합니다. '당나귀 퍼니'는 함께 일하고 생활하는 사람들로부터 존중받고자 하는 욕구를 말합니다. '강아지 로티'는 자신에게 중요한 사람이나 조직으로부터 인정을 받고자 하는 욕구를 뜻합니다. '수탉 보이스'는 원하는 일을 하고 싶어 하는 욕구를 뜻합니다. 마지막으로 '고양이 익스퍼'는 정체나 퇴행 상태로부터 벗어나 지속적으로 성장하고 싶은 욕구를 뜻합니다. 그리고 이 욕구들은 앞에서 제가 여러분에게 설명해드린 '내면적 자기퇴직 증후군'의 네 가지 원인·증상에 해당이 됩니다."

희석은 말하면서 다음의 슬라이드를 참가자들에게 보여주었다. 슬라이드에는 각 증후군과 동물들을 연결해 놓은 표가 그려져 있었다.

"중요한 것은 아픈 동물을 회복시키는 것이겠네요?"

존중받고 싶은 욕구

당나귀 퍼니

인정받고 싶은 욕구

강아지 로티

원하는 일을 하고 싶은 욕구

수탉 보이스

성장하고 싶은 욕구

고양이 익스퍼

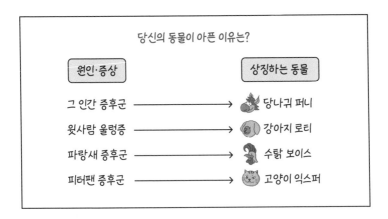

당신의 동물이 아픈 이유는?

원인·증상		상징하는 동물
그 인간 증후군	→	당나귀 퍼니
윗사람 울렁증	→	강아지 로티
파랑새 증후군	→	수탉 보이스
피터팬 증후군	→	고양이 익스퍼

한 참가자가 의견을 던졌다.

"정확한 말씀입니다. 가장 나쁜 건 방치입니다. 누가 아픈지 알고 더 나빠지기 전에 회복시키는 조치가 필요합니다."

"저 같은 경우에는 당나귀 퍼니의 상태가 좋지 않은 것 같습니다. 제가 '그 인간 증후군'을 경험하고 있거든요. 이런 경우에는 어떻게 해야 하나요?"

한 참가자의 질문에 희석이 답변을 했다.

"제가 정답을 말하는 것보다는 우리가 함께 답을 내보는 방법을 취하는 게 좋겠습니다. 같은 동물이 아픈 사람끼리 모여볼까요?"

희석은 참가자들의 유형을 파악하여 네 그룹으로 나눴다. 네 동물에 다 같이 해당되는 경우에는 가장 상태가 심각한 동물 그룹을 선택하도록 했다. 그리고 그룹별로 자신에게 해당되는 동물을 회복시킬 수 있는 처방전을 작성해보도록 했다. 약 30분간의 토론을 통해 각 동물 그룹은 스스로를 회복시킬 수 있는 처방전을 발표했다. 희석은

각 동물을 만족시키는 처방전

구분	처방전
당나귀 퍼니 (그 인간 증후군)	· 만나는 모든 사람을 손님으로 생각한다. - 인사와 칭찬 등으로 존중의 표현을 아끼지 않는다. - 어디에 가나 진상 손님이 있다고 생각하고 그러려니 한다 (Like의 반대말은 Don't Like다. Hate가 아니다). · 괴롭히는 사람으로부터 받는 영향력을 최소화한다. - 그와 접촉하는 시간을 가급적 줄인다. - 그의 불편한 말과 행동에 대해 깊이 생각하지 않는다. - 도를 넘는 언행에 대해서는 분명한 거부 의사를 표현한다.
강아지 로티 (윗사람 울렁증)	· 직간접적인 소통 빈도를 높인다. - 코드를 맞춘다(그의 고민이 무엇일까를 주기적으로 생각해본다). · 예상 질문에 대해 준비된 답변을 한다. - 보고할 때 그가 어떤 질문을 할지 미리 생각해보고 답변을 준비한다. ※ 상대와 코드를 맞춘다는 것은? 그의 고민을 함께 나누는 것
수탉 보이스 (파랑새 증후군)	· 간절히 원하는 일이 있을 때는 그 일을 한다. · 간절하게 원하는 일이 뭔지 모른다면 현재 하고 있는 일에 집중한다. - 일하면서 나의 강약점을 살피고 정리한다. - 어떤 종류의 일을 좋아하는지 살핀다. - 현재 하는 일은 결국 어떤 식으로든 내가 앞으로 하게 될 일과 창의적 으로 연결된다.
고양이 익스퍼 (피터팬 증후군)	· 일할 때 '다르거나 더 낫거나(Different or Better)'를 추구한다. · 성장(홀로서기)을 위해 나를 알고 부족한 점을 찾아 끈기 있게 실천한다. - 일하면서 반복되는 나의 취약점을 이해한다. - 취약점 보강을 위해 부담은 없지만 도움이 되는 '한 입 거리 행동'을 찾는다. - 몬스터의 급소, '한 입 거리 행동'을 찾아 끝까지 실천한다.

참가자들의 의견을 바탕으로 동물들에 대한 처방전을 정리했다.

한참 동안 서로의 생각을 들으며 동물을 회생시키기 위한 처방전에 대한 논의를 하고 있었다. 그런데 그 순간 한 참가자가 뭔가 불만에 차 있는 듯한 표정을 지으며 질문을 던졌다.

"솔직히 제 마음에는 어떤 동물도 들어 있지 않는 것 같습니다. 솔직히 저는 회사 생활에 별 기대가 없거든요. 기대가 없다 보니 스트레스 받을 것도 별로 없어요. 실망할 것도 없고요. 저처럼 아예 욕구 자체가 없다는 것도 문제가 될 수 있나요?"

희석은 뜻밖의 질문에 당황했다. 마음속에 어떤 욕구가 없을 수도 있다는 생각은 단 한 번도 해본 적이 없기 때문이다. '어떻게 그럴 수가 있지?' 하면서도 충분히 그런 사람도 있을 수 있다는 생각도 함께 들었다. 희석은 어떻게 답변을 해야 할지 몰라 대충 얼버무리고 자신에게 주어진 시간을 마무리했다.

항상 움직이는
샤크처럼

며칠 후 희석은 샤크 강사와 다시 만났다. 처음 만났던 샤크 카페에서 말이다. 그리고 자신이 멘토링 후속 프로그램에서 발표했던 내용을 샤크 강사에게 보여주었다.

"아주 잘 정리를 하셨네요. 워크숍의 진행 방식도 매우 훌륭하고요. 희석 님뿐만 아니라 다른 참가자 분들에게도 많이 도움이 되는 시간이 되었을 거라 확신합니다."

"그런데 한 가지 궁금한 점이 있어요. 만약 아무런 욕구도 갖지 못한 사람이 있다면 어떻게 해야 하나요?"

희석은 발표 시간 말미에 있었던 참가자의 질문이 내내 마음속에 걸려 있었다. 자신과는 너무나도 다른 유형이라 여태 제대로 된 답을 찾을 수가 없었다. 샤크 강사는 희석의 이야기를 듣고 잠시 생각에 잠겼다.

"그분이 굉장히 중요한 질문을 해주셨네요. 혼자 사는 세상이라면 네 가지 동물로 상징되는 욕구는 필요하지 않을 수 있습니다. 왜냐하면 네 가지 욕구 대부분이 누군가와 함께 일하는 과정에서 필요한 것이기 때문입니다. 이 네 가지 욕구는 우리 마음속에서 생기는 것일 수도 있지만 동시에 조직이나 사회생활에서 기본이 되는 필수 조건이기도 합니다."

희석은 샤크 강사의 말을 들으면서 비로소 자신의 생각을 정리할 수 있었다.

"네 가지 동물은 내가 세상을 만나는 지점에서 만들어지는 욕구라고 생각해도 될까요?"

"매우 정확한 표현입니다. 그렇기 때문에 내가 느끼지 못하는 것이라고 해서 필요 없는 것이라 생각해서는 안 됩니다. 만약 자신은 아무것도 원하는 것이 없다고 생각해버리면 자칫 함께 일하고 생활하는 주변 사람들이 너무 힘들어질 수 있습니다. 그리고 장기적으로 보았을 때 자기 자신도 힘들어지게 됩니다. 시간이 지날수록 조직 사회에서 머물기가 어려워질 것입니다."

현실이라는 냉정한 곳에서 우리는 늘 아픔과 힘든 일을 경험하게 된다. 그런데 묘한 것은 그것을 해결하기 위해 뭔가 노력을 하기보다는 무기력해져 버리는 경우가 많다. 때로는 아프고 힘든 상태로 그냥 적응해 버린다. 가령 소화불량이 만성적으로 일어나면 누구나 병원에 가야 한다는 것을 안다. 하지만 의외로 많은 사람들이 불편하

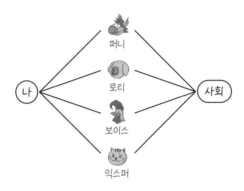

고 힘든 상황에 적응해 버린다. 늘 소화가 안 되는 상태가 문제가 있음에도 불구하고 원래 그러려니 하며 살아가는 것이다. 바람직한 모습은 아니다. 같은 이치로 어떠한 아픔과 힘든 일이 자신의 삶 속에서 계속 반복이 되면 점차 그것에 무감각해지게 되고 의식하지 못하게 된다. 그러나 무감각해지고 의식하지 못한다고 해서 아프고 힘들지 않은 것이 아니다. 그리고 흐르는 시간과 함께 점점 나빠져 갈 뿐이다. 그것이 무엇이든 방치하거나 회피하기보다는 불편해도 직시해야 한다. 그리고 그것을 해결할 수 있는 방법을 찾아 행동으로 옮길 수 있어야 한다.

"그런데 멘토님은 왜 스스로를 샤크라고 표현하시나요?"

"아! 제가 그걸 아직 말씀드리지 않았나요?"

샤크 강사는 카페 중앙에 위치해 있는 대형 수족관을 손으로 가리켰다. 희석은 영문을 몰라 하며 수족관을 바라보았다. 거기에는 상어 한 마리가 헤엄을 치고 있었다. 지난번에는 두 마리였는데 한 마리가 어디 갔는지 보이질 않았다.

"수족관 안 상어의 움직임을 찬찬히 살펴보세요. 한 가지 특징이 보일 거예요."

희석은 물끄러미 상어의 움직임을 살펴보았다. 상어가 그저 움직이는 것 외에는 별다른 특징을 발견할 수가 없었다.

"상어가 쉬지 않고 움직이고 있다는 것 외에 다른 건 찾지 못하겠는데…."

샤크 강사는 빙긋이 웃으며 말했다.

"바로 그겁니다. 상어는 쉬지 않고 계속 움직이죠."

상어는 물속에서 살지만 어찌 보면 물속에서 살기에 적합하지 않은 특성을 가지고 있는지도 모른다. 물고기들은 아가미를 가지고 있고 아가미에 붙어 있는 근육을 이용하여 물을 몸속으로 받아들인다. 그리고 물속에 녹아 있는 공기를 마시며 호흡을 한다. 하지만 상어는 아가미에 근육이 붙어 있지 않다. 근육이 없는 아가미만으로는 물을 몸속으로 받아들일 수 없다.

그렇다면 상어는 어떤 식으로 호흡을 하는 것일까? 바로 몸을 움직이는 방식을 통해서다. 몸을 움직여 물을 입으로 받아들이고 아가미로 공기를 걸러내는 방식을 사용한다. 정리하면 상어는 움직이지 않으면 숨을 쉴 수가 없는 것이다. 또한 상어는 부레를 가지고 있지 않다. 아는 바와 같이 부레는 물고기에게 매우 편리한 기능이다. 부레에 공기를 채워 물속에서 쉽게 떠다닐 수 있는 것이다. 하지만 부레가 없는 상어는 어떨까? 머물러 있으면 몸이 그대로 물속으로 가라앉아버리고 만다. 따라서 상어는 떠있기 위해서도 항상 움직여야 한다.

"움직이지 않으면 숨 쉬기도 어렵고 떠있을 수도 없게 되죠."

"매우 피곤한 삶일 수도 있겠어요. 늘 움직여야 하니…."

샤크 강사는 희석의 말에 빙긋이 웃음지어 보였다.

"그럴 수도 있겠죠. 하지만 상어는 결코 그렇게 생각하지 않을 겁니다. 항상 움직이는 것은 자신의 신체적 결함을 극복하는 활동이긴 한데 본능적으로 몸에 밴 행동인 것입니다. 오히려 움직여서 피곤한 것이 아니라 움직이지 않으면 피곤해진다는 표현이 더 적합한 표현일 겁니다. 또 그렇게 계속 움직이다 보니 누구보다도 빠르고 다이내믹하게 움직이는 모습을 갖게 된 것이 아닐까요?"

희석은 샤크 강사가 스스로 닉네임을 샤크라고 정한 이유를 비로소 알게 되었다. 그리고 순간 머릿속에 뭔가가 퍼뜩 떠올랐다.

"멘토님! 그런데 말이에요. 지난번에는 상어가 둘이었던 것 같은데. 하나는 어디로 간 거죠?"

희석의 질문에 샤크 강사는 손에 들고 있던 커피잔을 내려놓았다. 그리고 빙긋이 미소를 지으며 말했다.

"글쎄요… 아마 드넓은 바다로 떠나지 않았을까요?"

희석은 고개를 돌려 수족관에 남아 있는 상어를 물끄러미 바라보았다.

회사를 다닐 수도,
떠날 수도 없을 때

초판 1쇄 2020년 12월 30일
　　2쇄 2021년 2월 1일

글 | 박태현

발행인 | 이상언
제작총괄 | 이정아
편집장 | 조한별
책임편집 | 최민경

그림 | 조자까
디자인 | 김윤남

발행처 | 중앙일보플러스(주)
주소 | (04517) 서울시 중구 서소문로 100(서소문동)
등록 | 2008년 1월 25일 제2014-000178호
문의 | (02) 2031-1121
원고투고 | jbooks@joongang.co.kr
홈페이지 | jbooks.joins.com
네이버 포스트 | post.naver.com/joongangbooks
인스타그램 | @j__books

© 박태현, 2020

ISBN 978-89-278-1188-6　03190

중앙북스는 중앙일보플러스(주)의 단행본 출판 브랜드입니다.